Die Kathedrale von Chutreaux ist ein Modell der Phantasie.
Die Art und Weise ihrer Erbauung jedoch stellt eine genaue Wiedergabe der Methoden
dar, die tatsächlich beim Bau gotischer Kathedralen angewandt wurden.
Lediglich ihre kaum unterbrochene Baugeschichte wird als ein Idealfall angenommen,
da in Wirklichkeit Ausführung und Vollendung so gigantischer Projekte Verzögerungen bis zu
zweihundert Jahren erfahren konnten. Die Gründe dafür waren ebensooft finanzieller wie
technischer Natur. Auch die Existenz der Menschen von Chutreaux gehört in den
Bereich der Vorstellung. Ihre Zielstrebigkeit, ihr Geist und ihr unerhörter Mut sind
jedoch typisch für den europäischen Menschen des zwölften, dreizehnten
und vierzehnten Jahrhunderts, dessen Träume bis zum heutigen
Tag in sichtbarer Gestalt vor uns stehen.

Artemis Verlag Zürich und München

David Macaulay

Sie bauten eine Kathedrale

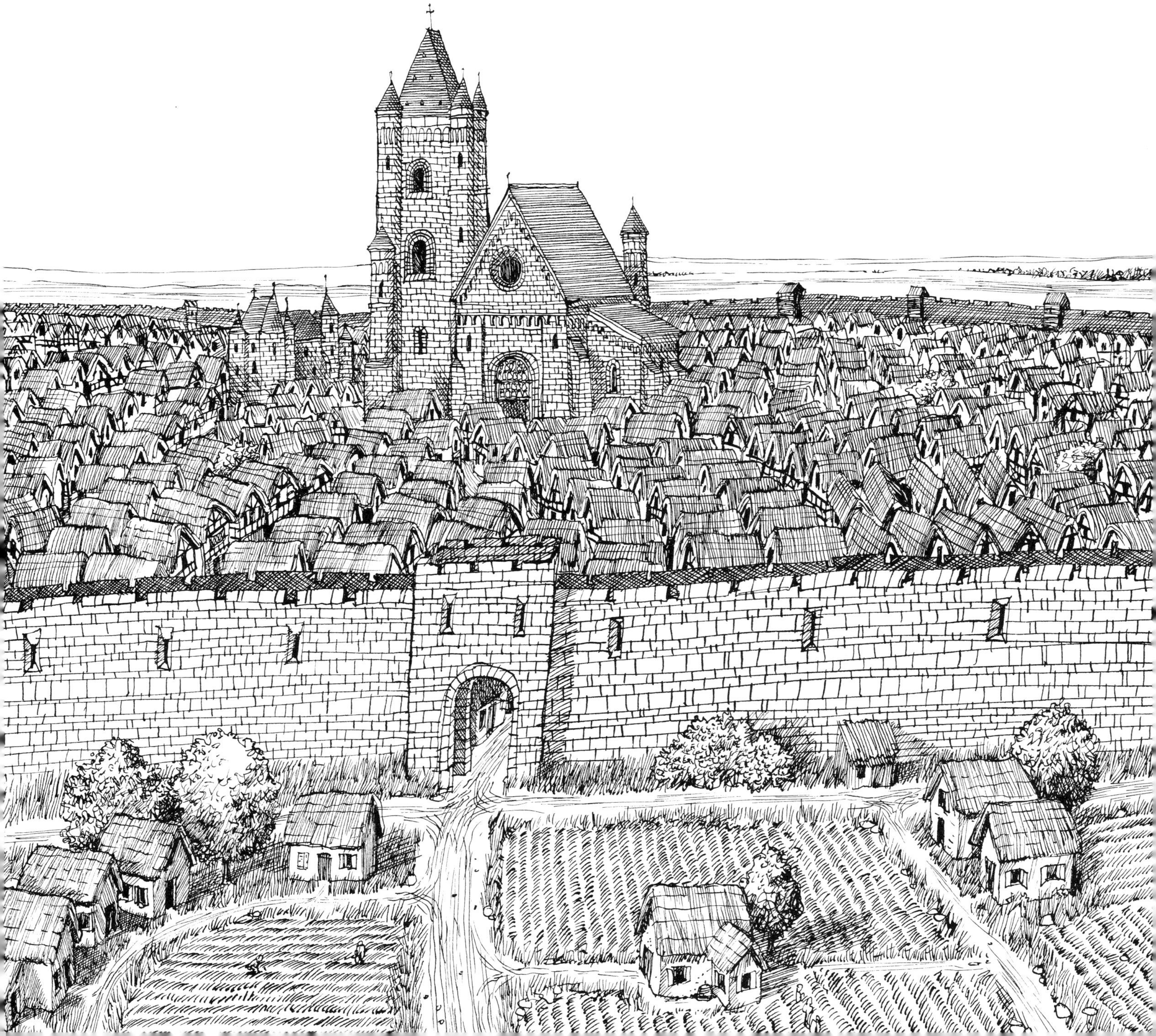

Aus dem Englischen übersetzt von Monika Schoeller

9. Auflage 1990

Titel der amerikanischen Originalausgabe
"Cathedral: The Story of Its Construction"

Gesamtherstellung: Benziger AG, Graphisches Unternehmen, Einsiedeln
Printed in Switzerland
ISBN 3 7608 0364 4

Nach der Lehre der Kirche, wie sie seit Jahrhunderten besteht, ist Gott die wirkende Kraft im Leben der Menschen. Also dankten sie Gott für seine Güte, wenn es ihnen wohl erging, und wenn Leid über sie kam, denn solches erschien ihnen als göttliche Strafe, flehten sie um seine Gnade.

Im dreizehnten Jahrhundert zeigte sich Gott den Menschen Frankreichs und besonders den Einwohnern von Chutreaux wohlgesonnen. Sie wurden weder durch Pest noch durch Kriege heimgesucht. Das Wetter war den Bauern günstig; Jahre der Sättigung kamen, und der Handel blühte für die Kaufleute der Stadt. Da empfanden die Einwohner von Chutreaux das Bedürfnis, Gott für diese segensreiche Zeit zu danken, und zugleich wollten sie sich damit seiner künftigen Gnade und Gunst versichern. Das Volk begann davon zu träumen, ein Gotteshaus zu errichten.

Eine neue Kathedrale bedeutete auch eine würdige Ruhestätte für die Reliquien des heiligen Germain, der ein Ritter des ersten Kreuzzuges gewesen war. Ludwig IX. ließ Schädel und Zeigefinger des Heiligen von Konstantinopel aus in die Heimat senden. Reliquienverehrung spielte damals in ganz Europa eine bedeutende Rolle. Aber aus einem anderen Grund noch bewegte das Bauprojekt die Gemüter. Im nahen Amiens, in Beauvais und Rouen wurden ebenfalls neue Kathedralen gebaut, und da wollten doch die Einwohner von Chutreaux nicht hinter den anderen zurückstehen, im Himmel noch weniger als auf Erden.

Der endgültige Beschluß zu einem neuen Bauwerk fiel im Jahr 1252, nachdem der Blitz in die alte Kathedrale eingeschlagen und sie schwer beschädigt hatte. Jetzt sollte zur Ehre und zum Lobe Gottes die höchste und die schönste, die längste und breiteste Kathedrale in ganz Frankreich errichtet werden. Die Bauzeit mochte sich über mehr als hundert Jahre hinziehen, doch die Frage nach Zeit war für den damaligen Menschen von nur geringer Bedeutung.

Der Bischof war zwar das Haupt der Kirche von Chutreaux, aber die Finanzen verwaltete ein Gremium von Geistlichen, das Domkapitel. So waren sie es, die den flämischen Architekten Wilhelm von Planz beriefen. Wilhelm hatte seine Kenntnisse von Architektur und Technik nicht allein in Frankreich erworben, auch in England und Deutschland hatte er die Kathedralen studiert und an vielen sogar mitgearbeitet. Heimwärts ziehende Kreuzfahrer hatten Kunde von diesem berühmten und hervorragenden Baumeister nach Chutreaux gebracht. So kam es, daß das Domkapitel ihn in seine Dienste nahm. Er wurde aufgefordert, Pläne zu zeichnen, die Bauleitung zu übernehmen und alle für den Bau erforderlichen Handwerksmeister heranzuziehen.

Steinbrecher

Steinmetz

Bildhauer

Mörtelmischer

Maurer

Dachdecker

Schmied

Zimmermann

Glasbläser

Alle Handwerker waren Meister ihres Gewerbes: der Steinbrecher, der Steinmetz und der Bildhauer, der Mörtelmischer und der Maurer, der Zimmermann und der Schmied, der Dachdecker und der Glasbläser.

Jeder Handwerksmeister hatte eine eigene Bauhütte und beschäftigte viele Lehrlinge und Gesellen, die das Gewerbe bei ihm in der Hoffnung erlernten, eines Tages selber Meister zu werden. Die Schwerarbeit wurde größtenteils von Tagelöhnern verrichtet, Männern ohne besondere Ausbildung, aus Chutreaux und Umgebung. Auch Kreuzfahrer, die auf dem Heimweg waren, verdingten sich als Arbeiter.

Vorschlaghammer
Hammer
Meißel
Schablone
Hebel, Stemm- oder Brecheisen
Zollstock
Zugsäge
Zirkel
Winkelmaß

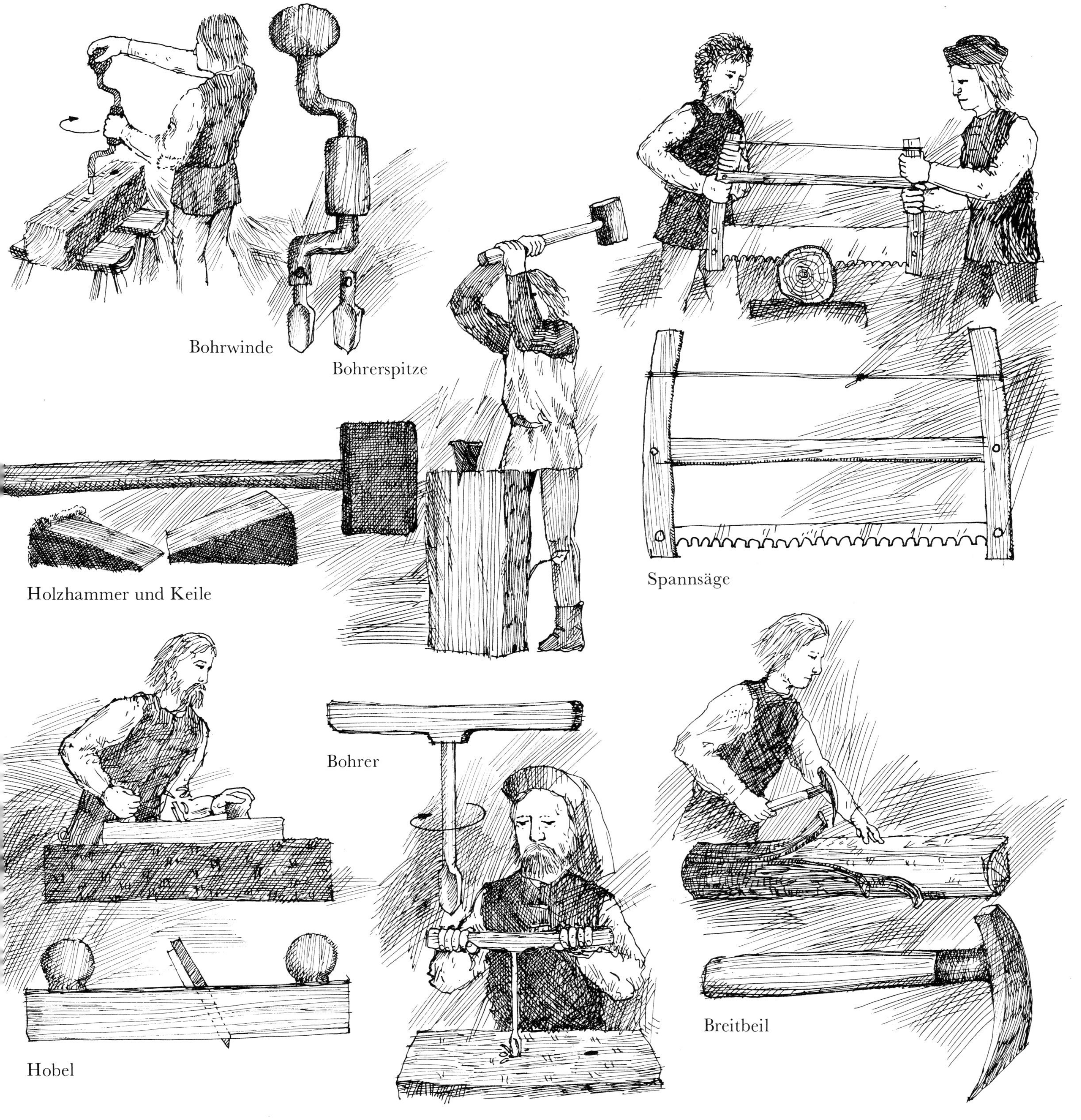

In jeder Bauhütte benötigte man ganz besondere Werkzeuge. Die Schmiede machten alle Geräte aus Metall; alle dazugehörigen Holzteile fertigten die Drechsler an. Das meiste Werkzeug wurde in den beiden größten Bauhütten bei den Steinmetzen und bei den Zimmerleuten gebraucht.

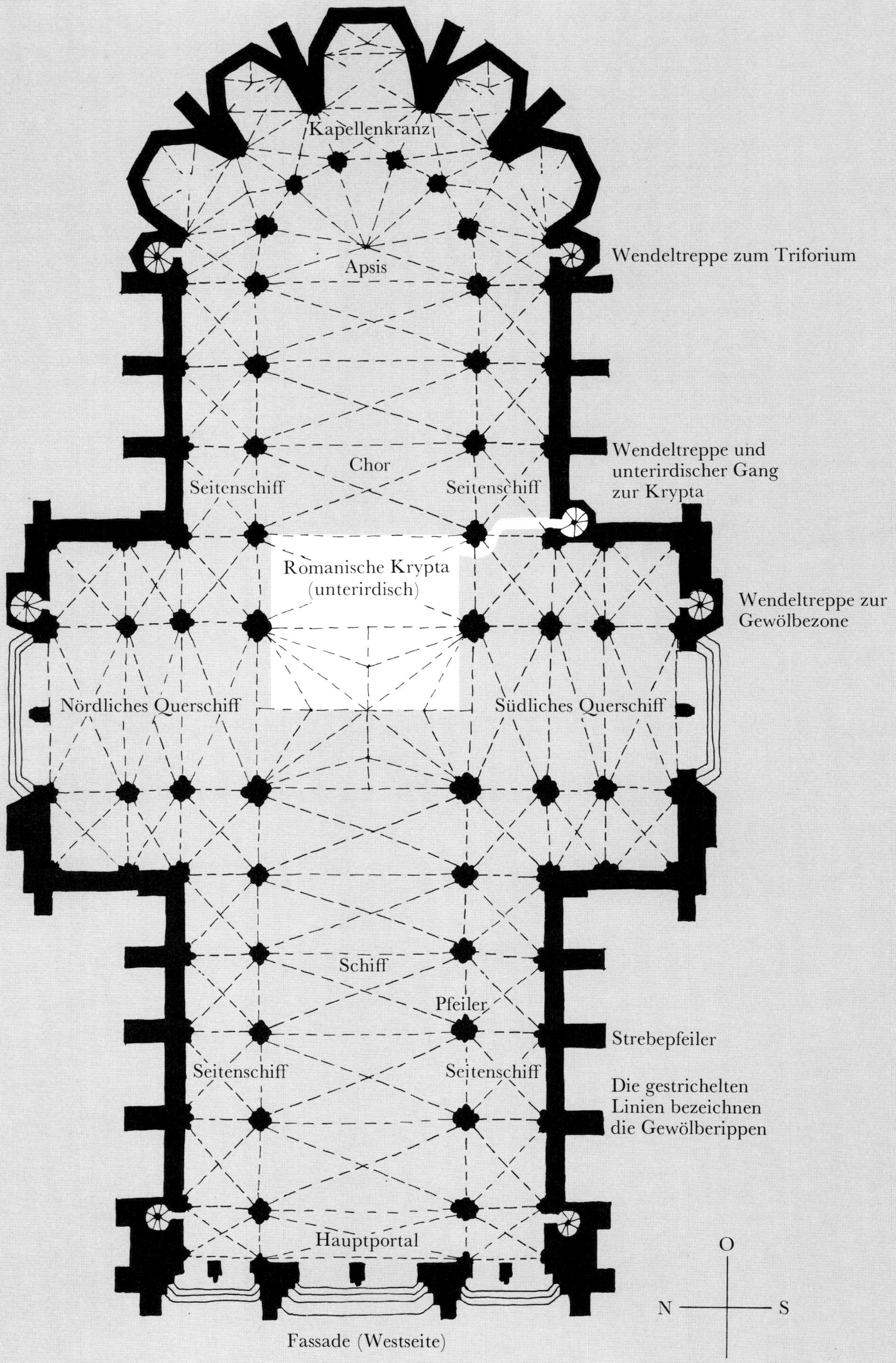
Kapellenkranz
Apsis
Wendeltreppe zum Triforium
Chor
Seitenschiff
Seitenschiff
Wendeltreppe und
unterirdischer Gang
zur Krypta
Romanische Krypta
(unterirdisch)
Wendeltreppe zur
Gewölbezone
Nördliches Querschiff
Südliches Querschiff
Schiff
Pfeiler
Strebepfeiler
Seitenschiff
Seitenschiff
Die gestrichelten
Linien bezeichnen
die Gewölberippen
Hauptportal
Fassade (Westseite)
O
N
S
W

GRUNDRISS

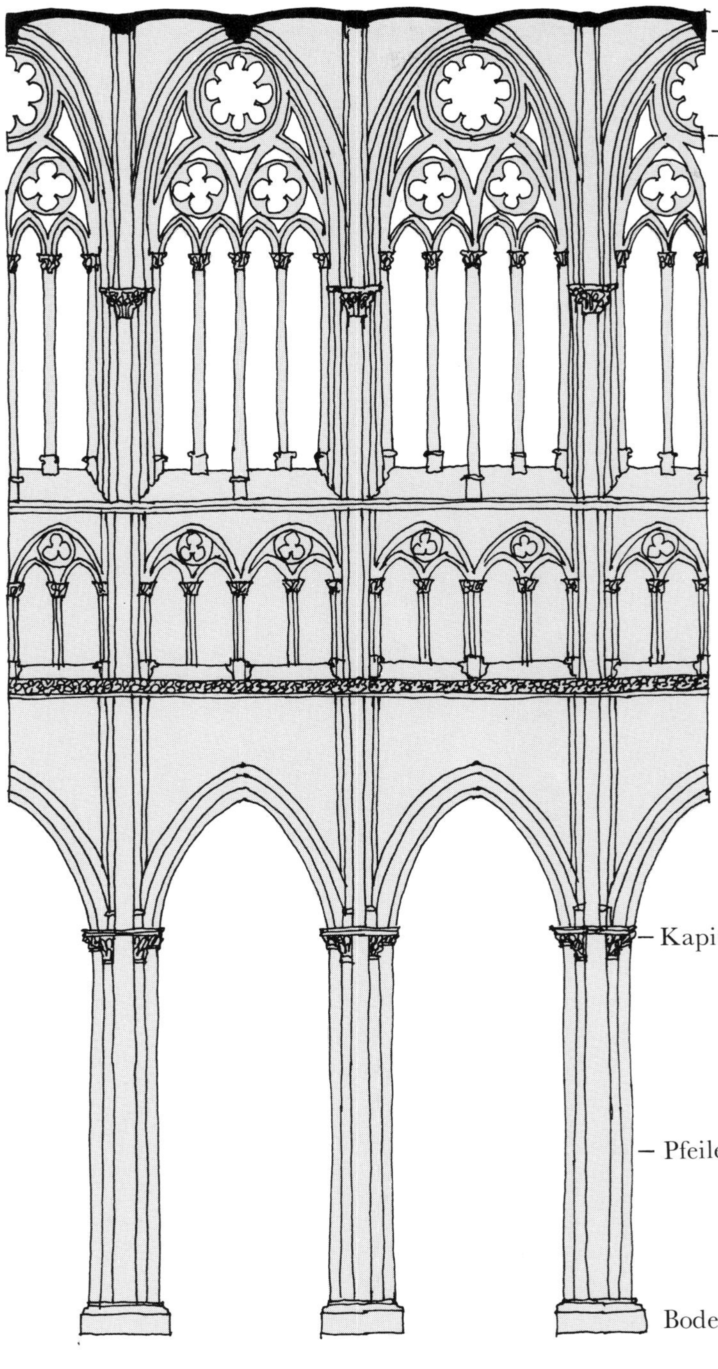

WANDAUFRISS

Wochenlang saß Wilhelm zunächst über Plänen und Zeichnungen, bevor er sich für einen endgültigen Entwurf entschied. Er hatte vom Domkapitel den Auftrag erhalten, die längste und breiteste, die höchste und die schönste Kathedrale im Lande zu bauen. Diese Anweisung brachte er nun in Verbindung mit Bausystemen und Einzelformen, die er auf seinen Reisen studiert hatte. Die endgültigen Entwürfe wurden auf zwei Gipstücher gezeichnet und dann dem Bischof und dem Domkapitel vorgelegt. Auf dem einen stellte ein Grundriß den Plan der Gesamtanlage mit ihren verschiedenen Raumzonen dar, auf dem anderen zeigte ein Aufriß den Aufbau der Wand vom Erdboden bis zum Gewölbescheitel.

Nachdem der Plan gebilligt worden war, wurde der Zimmermann mit seinen Gesellen und hundertfünfzig Tagelöhnern in den Wald von Chantilly geschickt. Dort überwachte der Meister das Schlagen der Bäume, aus denen Baugerüste, Bauhütten und Werkzeuge hergestellt werden sollten.

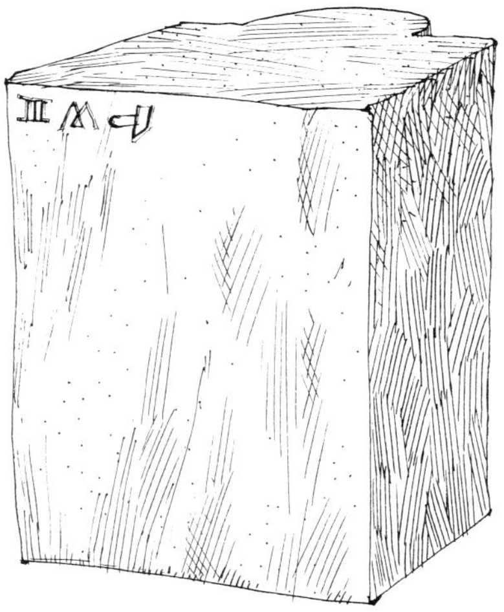

Zur gleichen Zeit wurde der Steinbrechermeister ausgesandt, um im Tal der Somme, das für seinen Kalkstein berühmt ist, fünfzig Steinmetzgehilfen und zweihundertfünfzig Tagelöhner bei ihrer Arbeit anzuleiten.

Außer der Bauhütte für die Steinmetzen wurde dort eine Esse eingerichtet, damit alte abgenutzte Werkzeuge gleich vom Schmied durch neue ersetzt werden konnten. Die Tagelöhner waren den Steinmetzen behilflich, die riesigen Blöcke aus dem Steinbruch zu lösen. Dann wurden die Steine behauen, geschnitten und gemeißelt, bis sie das Maß der Muster oder Schablonen hatten, die der Maurermeister lieferte. Jeder Stein wurde dreifach gekennzeichnet. Eine Marke zeigte seinen späteren Platz in der Kathedrale an, eine zweite, aus welchem Steinbruch er kam, und eine dritte war das Steinmetzzeichen dessen, der ihn bearbeitet hatte. Die Arbeiter wurden nämlich nach der Anzahl der Steine, die sie herausgehauen oder bearbeitet hatten, entlohnt.

Am vierundzwanzigsten Mai 1252 begannen die Arbeiter, den Bauplatz für die Kathedrale herzurichten. Bis auf die Krypta, in der die verstorbenen Bischöfe von Chutreaux bestattet lagen, wurden die Ruinen der alten Kathedrale abgetragen, und zudem mußten zahlreiche Häuser und sogar ein Teil des bischöflichen Palastes abgerissen werden, da die neue Kathedrale bedeutend größer als die alte werden sollte. Auf der freigeräumten Ostseite des Geländes wurde dann mit hölzernen Stangen die Lage der Apsis und des Chors bezeichnet.

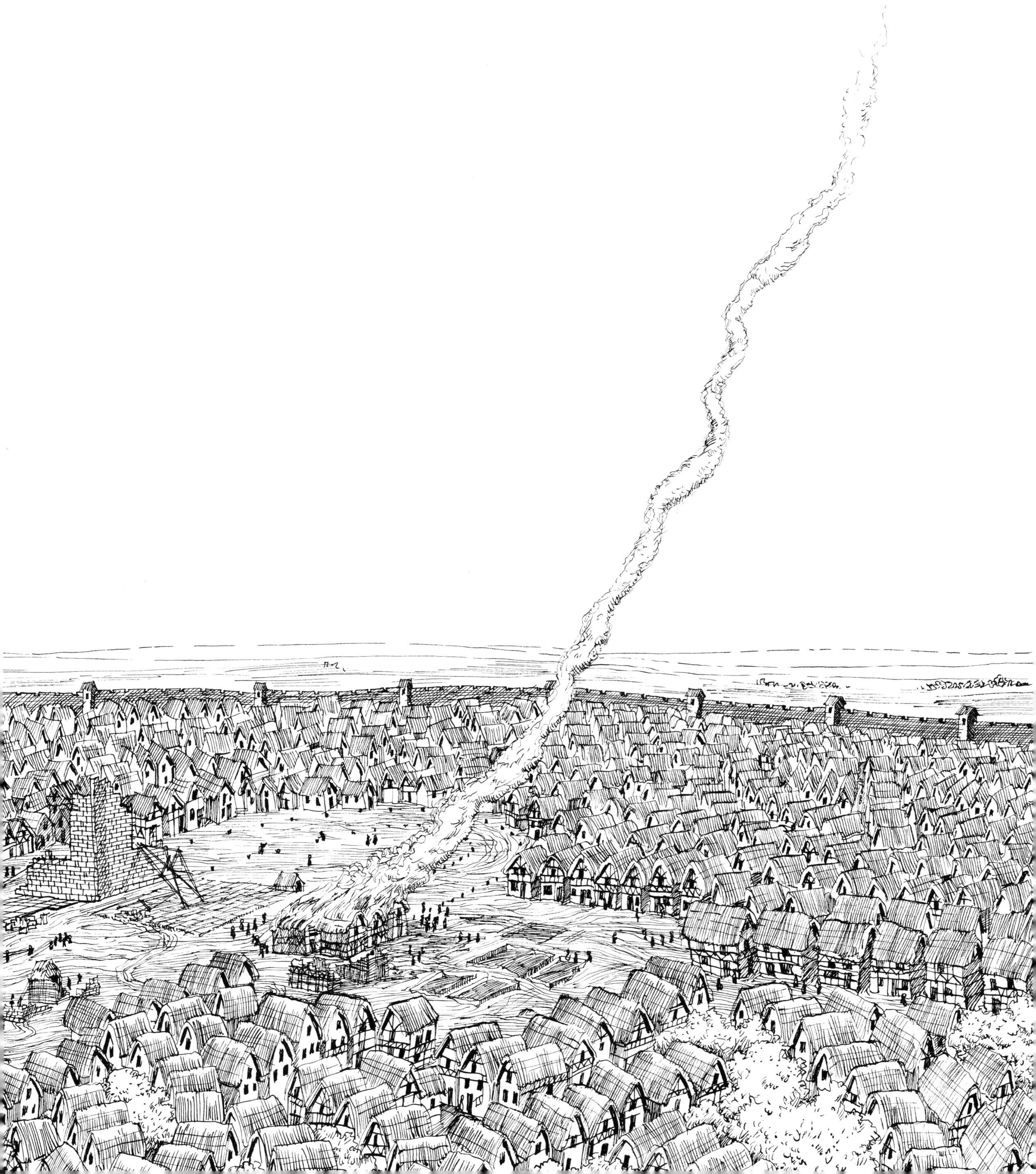

Man errichtete Bauhütten, die den Handwerkern als Aufenthaltsort zum Essen wie zur Arbeit bei schlechtem Wetter dienten. Eine weitere Esse wurde gebaut für die Herstellung von Werkzeugen und Nägeln. Dann begannen die Arbeiter Erde für das Fundament auszuheben. Dieses sollte dicke Mauern haben und fünfundzwanzig Fuß tief unter dem Boden liegen, um das Gebäude zu stützen und die rechtwinklige Lage zu sichern.

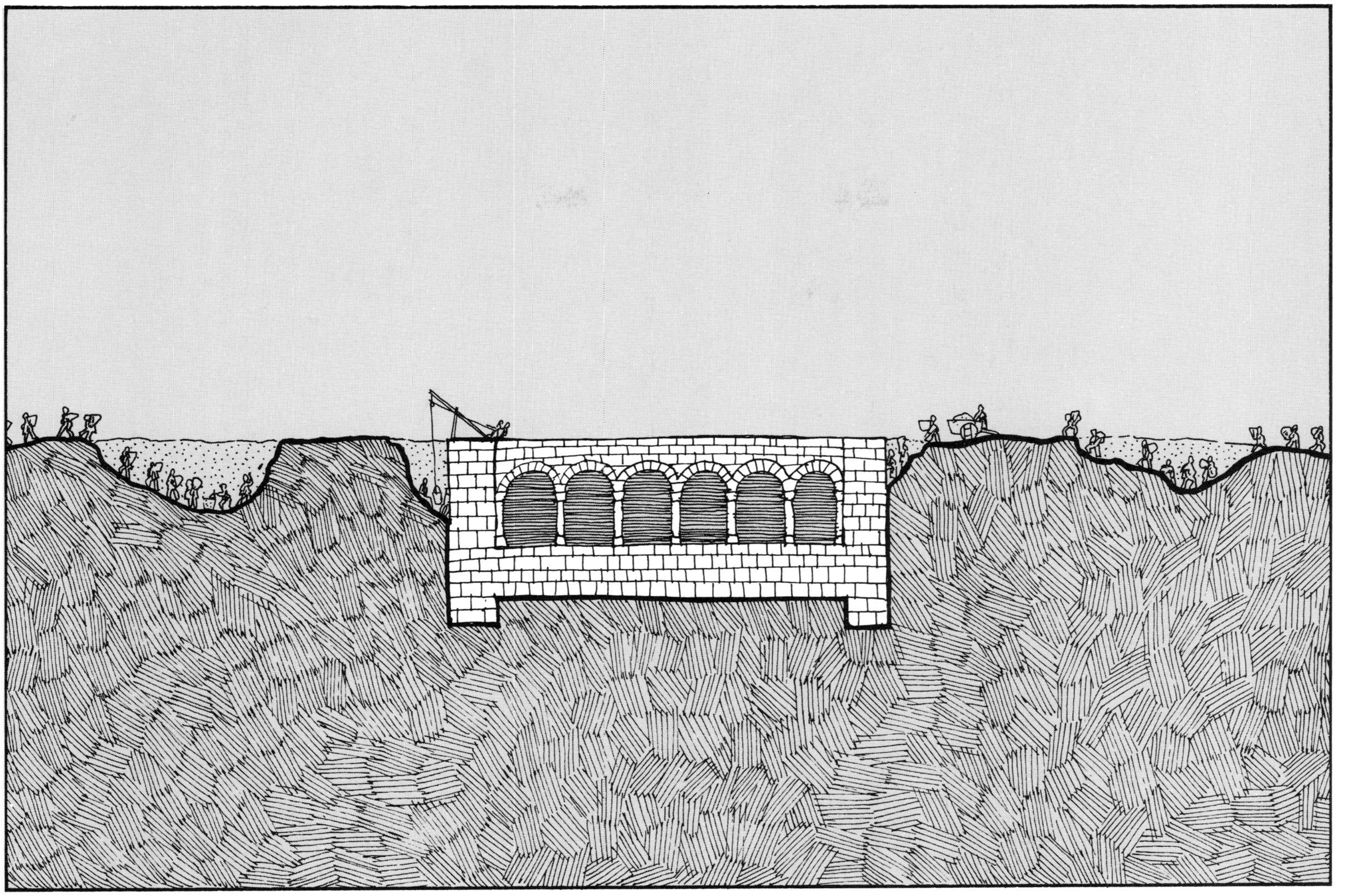

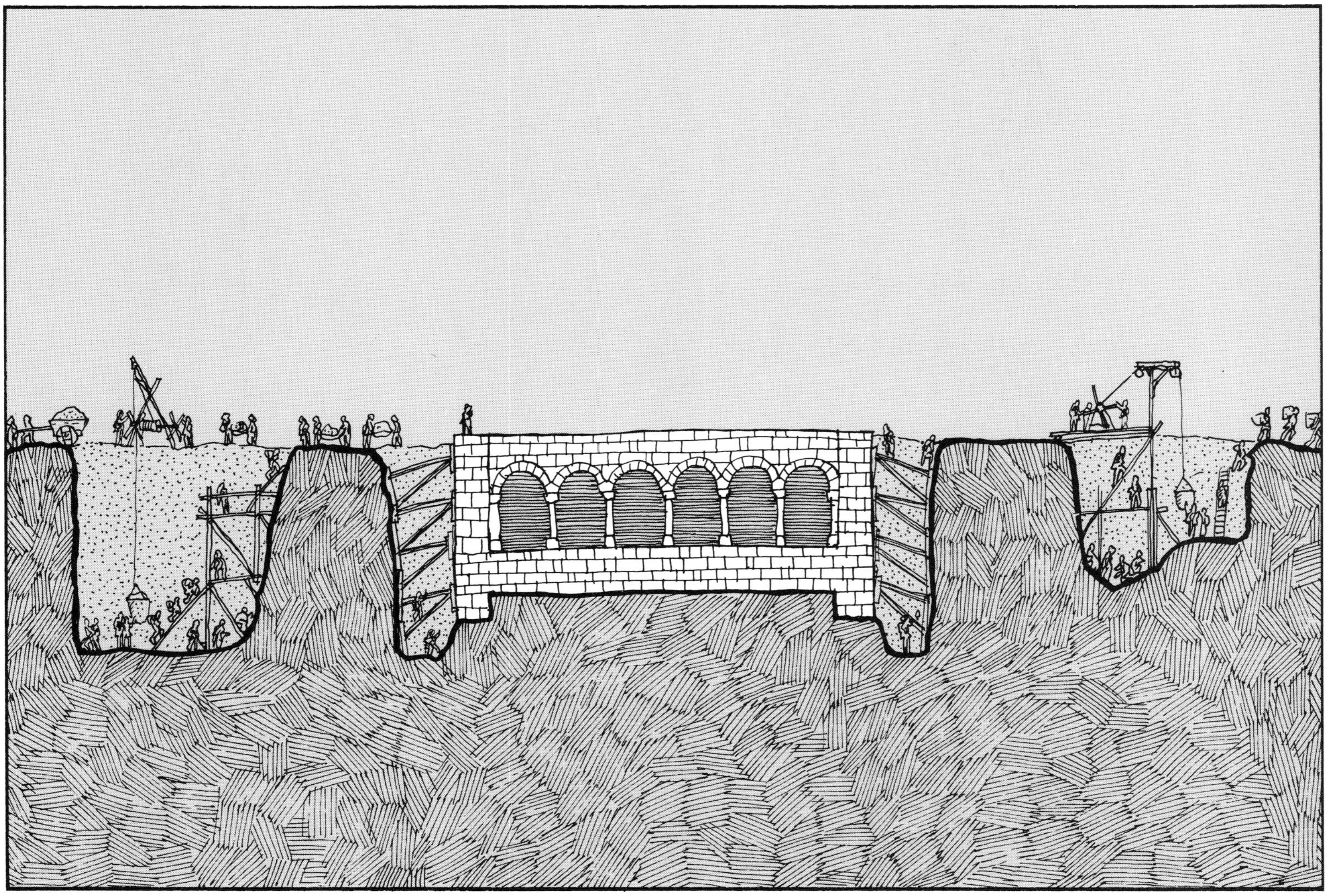

Für die Dachkonstruktion mußten große, ungefähr sechzig Fuß lange Holzteile in Skandinavien bestellt werden. Auf dem Wasserweg wurde das Holz bald in den Hafen der Stadt geführt. Auch die Steine aus dem Steinbruch beförderte man auf dem Fluß. Die Lasten wurden mit Hilfe von Ladebäumen und Seilzügen, die die Zimmerleute gebaut hatten, von den Schiffen gehievt und auf Karren verladen und hierauf durch die Stadt bis zum großen Bauplatz gebracht.

Mitte November waren die Fundamente für Apsis und Chor ausgehoben.

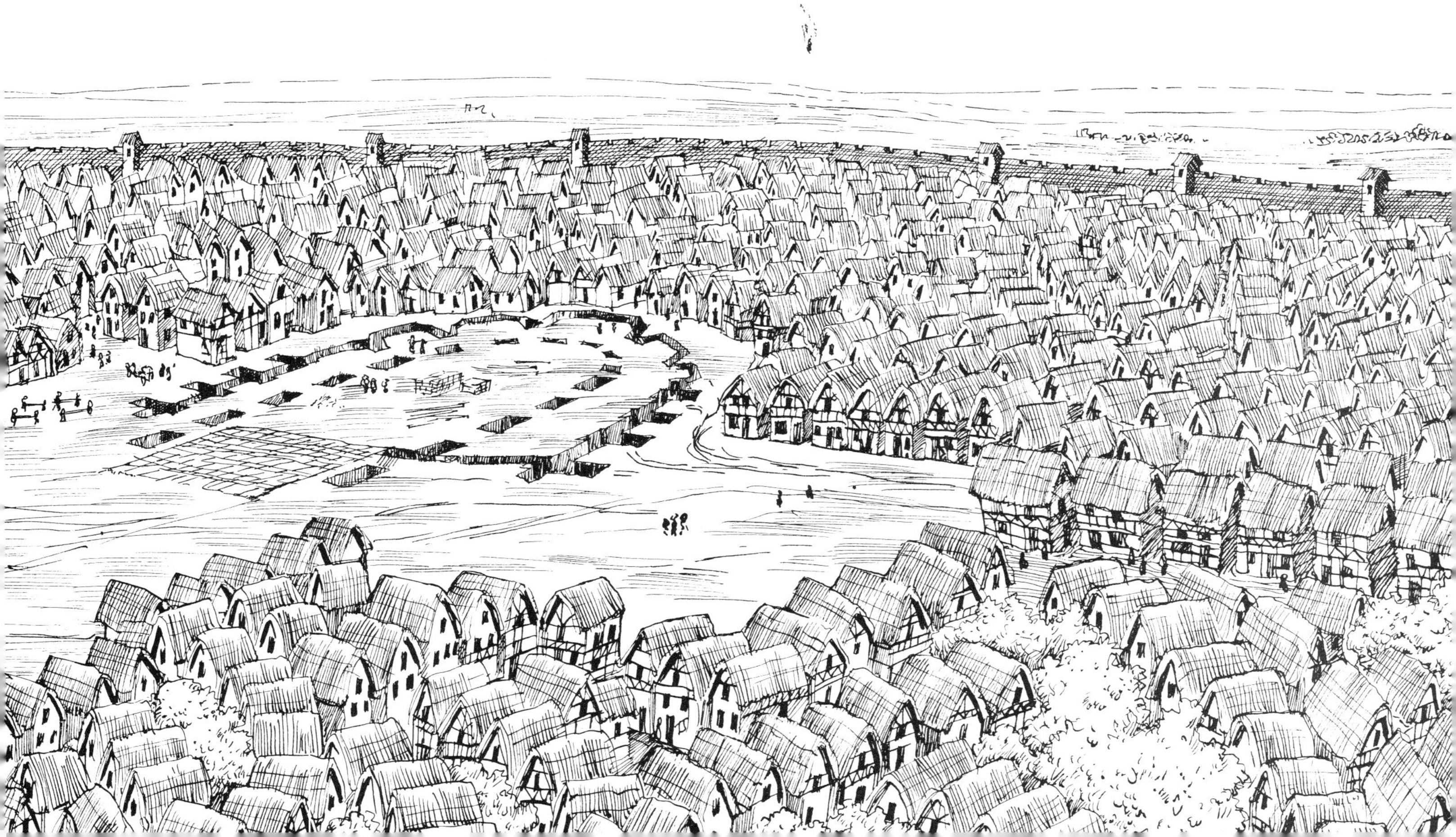

Am vierzehnten April 1253 fand die feierliche Grundsteinlegung statt. Der Bischof von Chutreaux weihte den ersten Stein, der auf das schmale Kieselbett hinabgelassen wurde, das den lehmigen Grund der Ausschachtung bedeckte.

Die Mörtelmischer standen mit genau berechneten Mischungen aus Sand, Kalk und Wasser bereit. Arbeiter trugen den Mörtel über Leitern hinunter zu den Maurern, die die Steine aufeinanderlegten und jeweils mit der Kelle eine Lage Mörtel zwischen die einzelnen Steine und Steinschichten strichen. Der getrocknete Mörtel gab einen dauerhaften Verbund zwischen den Steinen.

Der Maurermeister kontrollierte unablässig mit der Wasserwaage, ob die Steine auch alle vollkommen waagrecht geschichtet seien, und mit dem Senkblei prüfte er, ob die Wand auch wirklich vollkommen senkrecht sei. Jeder Fehler beim Bau des Fundaments würde den Aufbau der Mauer in Gefahr bringen.

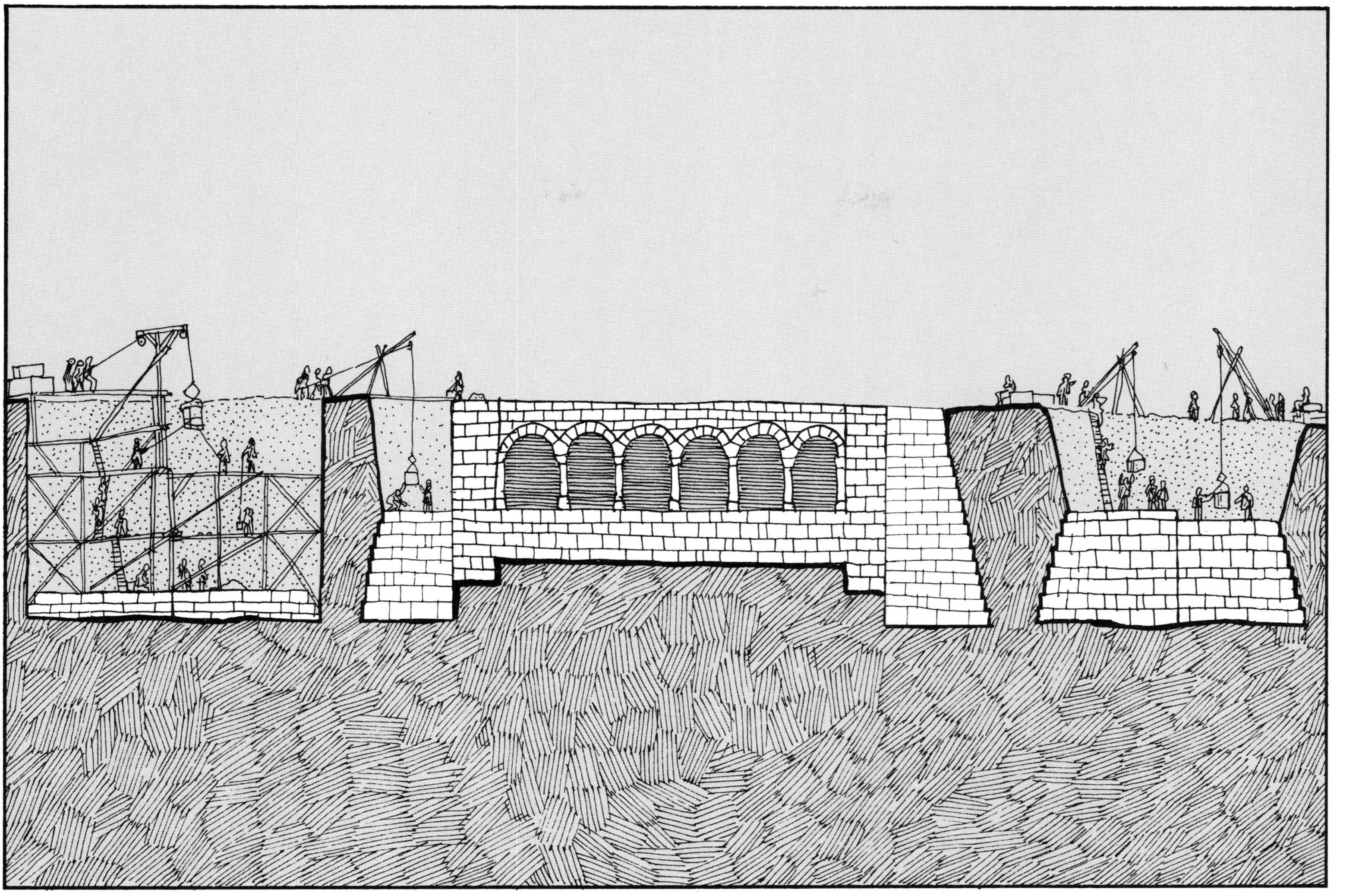

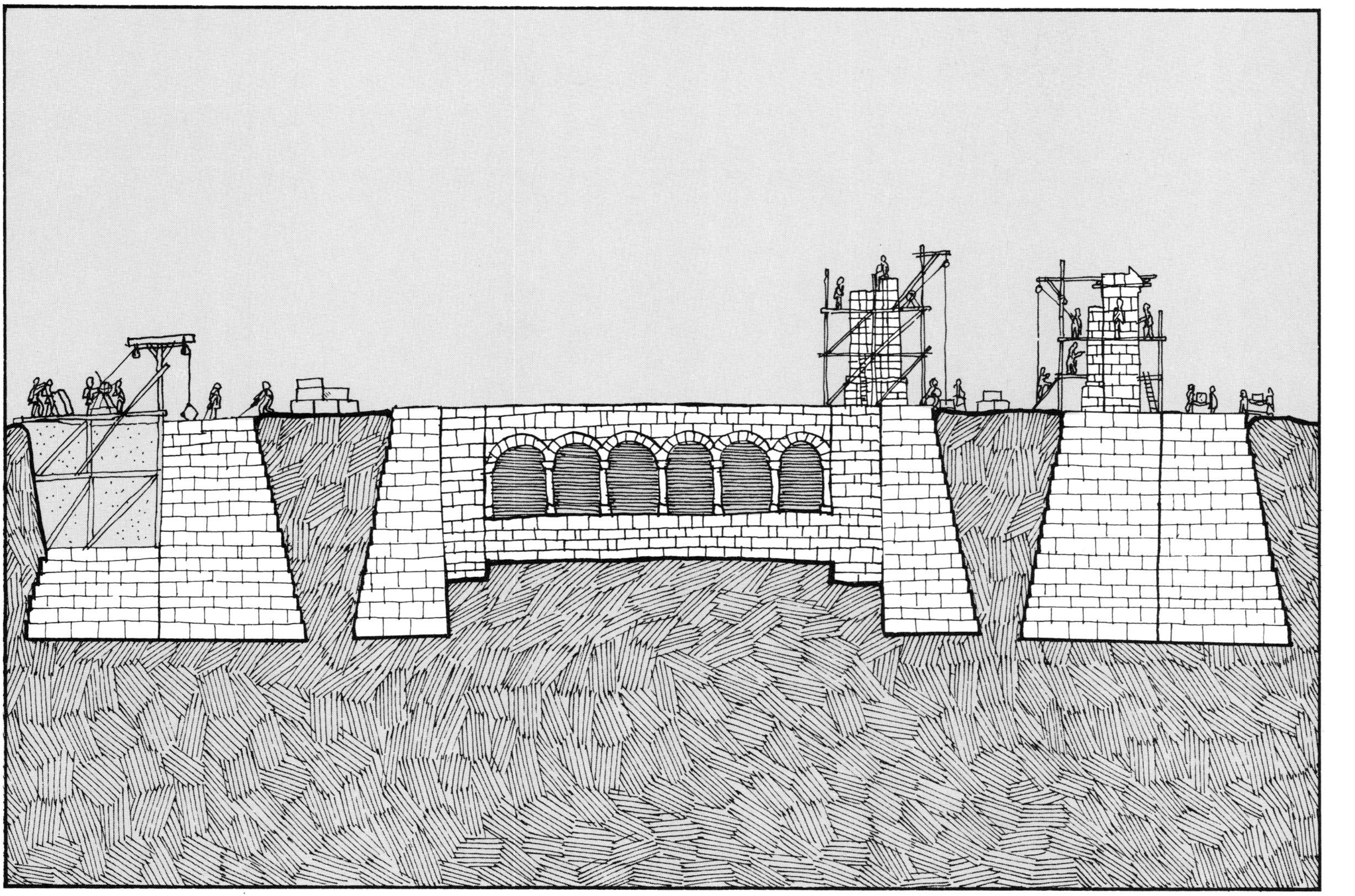

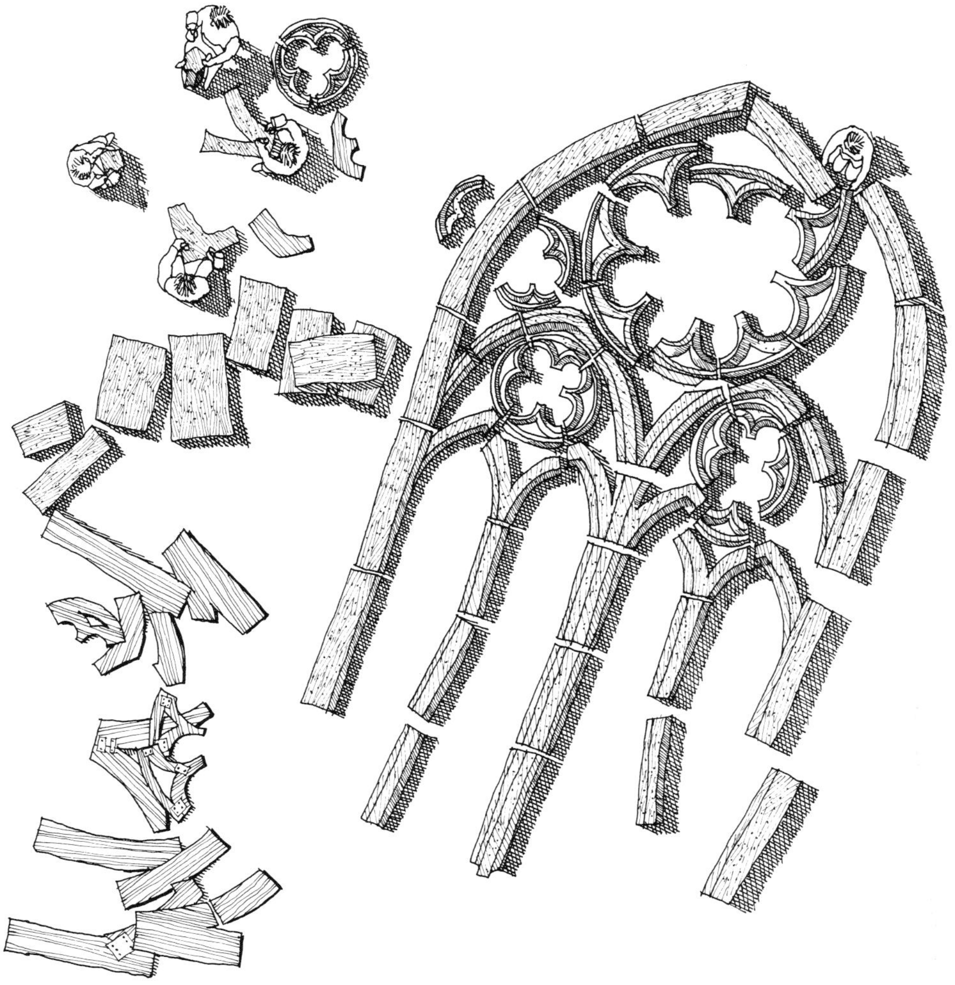

Als die Grundmauern standen, folgte als nächster Schritt das Hochziehen der Wände. Die Wände einer gotischen Kathedrale wie Chutreaux bestehen aus Pfeilern oder Säulen, die das Gewölbe und das Dach tragen, sowie aus der Fläche zwischen den Pfeilern. Bis auf kleine Zonen massiver Wand wird diese Fläche zum größten Teil durch das steinerne Rahmenwerk der Fenster, das Maßwerk, ausgefüllt. Die Pfeiler des Chors von Chutreaux sollten eine Höhe von einhundertsechzig Fuß erreichen bei einem Durchmesser von sechs bis acht Fuß. Sie setzten sich aus hunderten von zugeschnittenen Steinen zusammen. Wenn die Pfeiler standen, wurde das Maßwerk, das nach Schablonen geschnitten wurde, mit Seilwinden an seinen Platz hochgezogen.

Für die kleinen, geschlossenen Wandflächen wurden zwei parallel verlaufende Wände aus behauenem Stein errichtet. Dann wurde der Zwischenraum durch ein Holz- oder Metallstück verstärkt und mit einer Mischung aus Mörtel und Kieseln ausgegossen. Massive Steinwände wären zu kostspielig gewesen.

Es war dem Architekten bewußt, daß Strebepfeiler nötig waren, um den Druck, der vom Gewölbe auf den Pfeilern lastete, abzuleiten. Diese Strebepfeiler wurden auf eigenen Fundamenten den Außenwänden der Kathedrale vorgelagert und durch Strebebogen mit dem Inneren verbunden. Die Gewölbe gotischer Kathedralen hatten die Tendenz, die Pfeiler nach außen zu drücken. Durch den Strebebogen jedoch wurde die Schubkraft an die Strebepfeiler und von dort hinab zum Fundament abgeleitet. Dieser Technik ist es zu verdanken, daß die Hauptpfeiler in ihren Proportionen im Verhältnis zu ihrer Höhe so schlank sein konnten und daß dadurch mehr Fläche für die Fenster blieb.

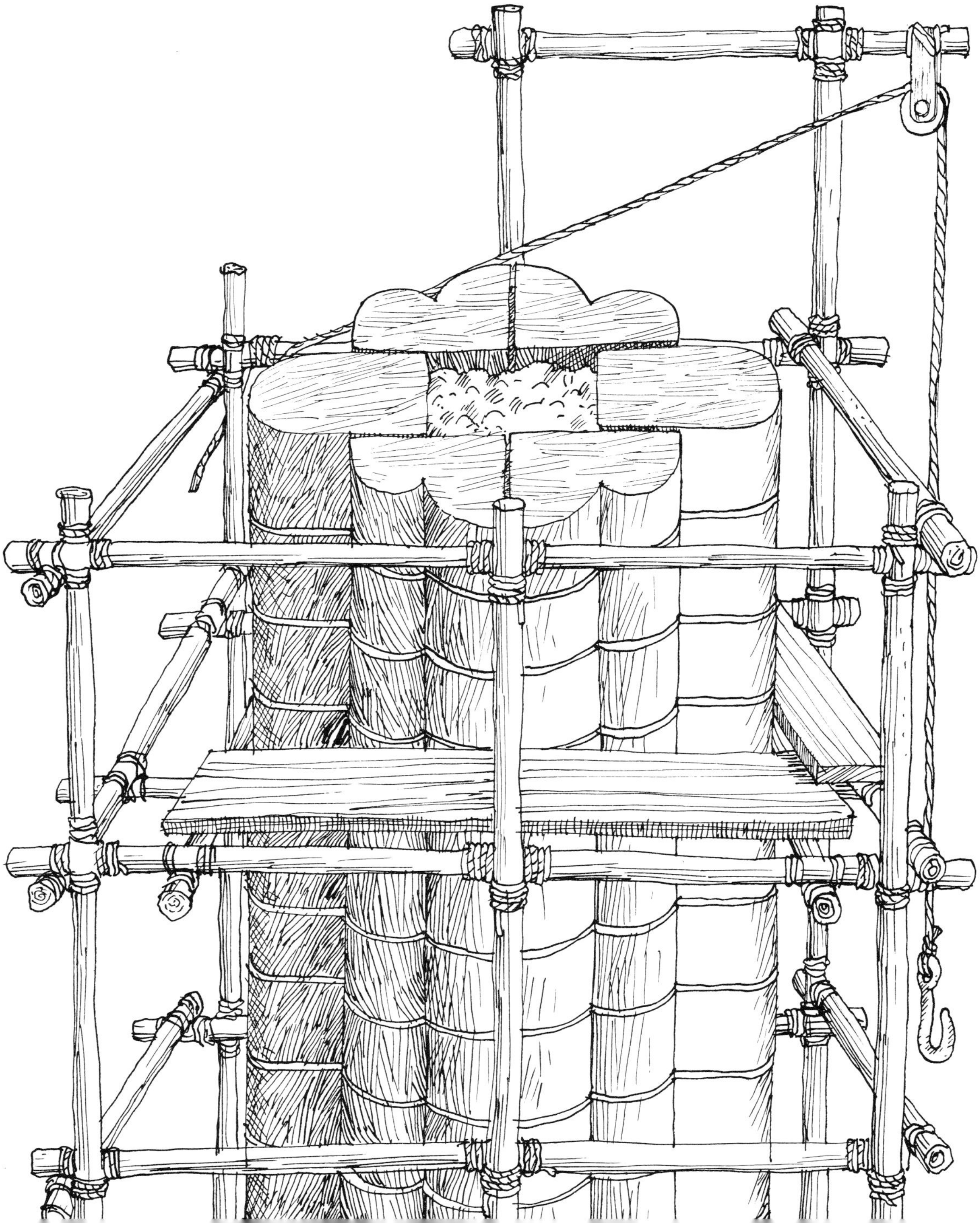

Zum Hochbauen der Wände bedurfte es hölzerner Gerüste. Sie bestanden aus Stangen, die mit Seilen verbunden waren. Um Steine und Mörtel emporzuziehen, wurden Winden daran befestigt. Die auf den Gerüsten arbeitenden Maurer standen auf Plattformen aus weidengeflochtenen Matten, die leicht zu transportieren waren.

Da lange Holzstangen teuer und schwer erhältlich waren, reichten die Wandgerüste nicht bis zum Boden. Sie hingen von der Wand herab und wurden mit dem Wachsen der Mauer höhergezogen. Leitern waren überflüssig, da mehrere Wendeltreppen in die Wände miteingebaut wurden.

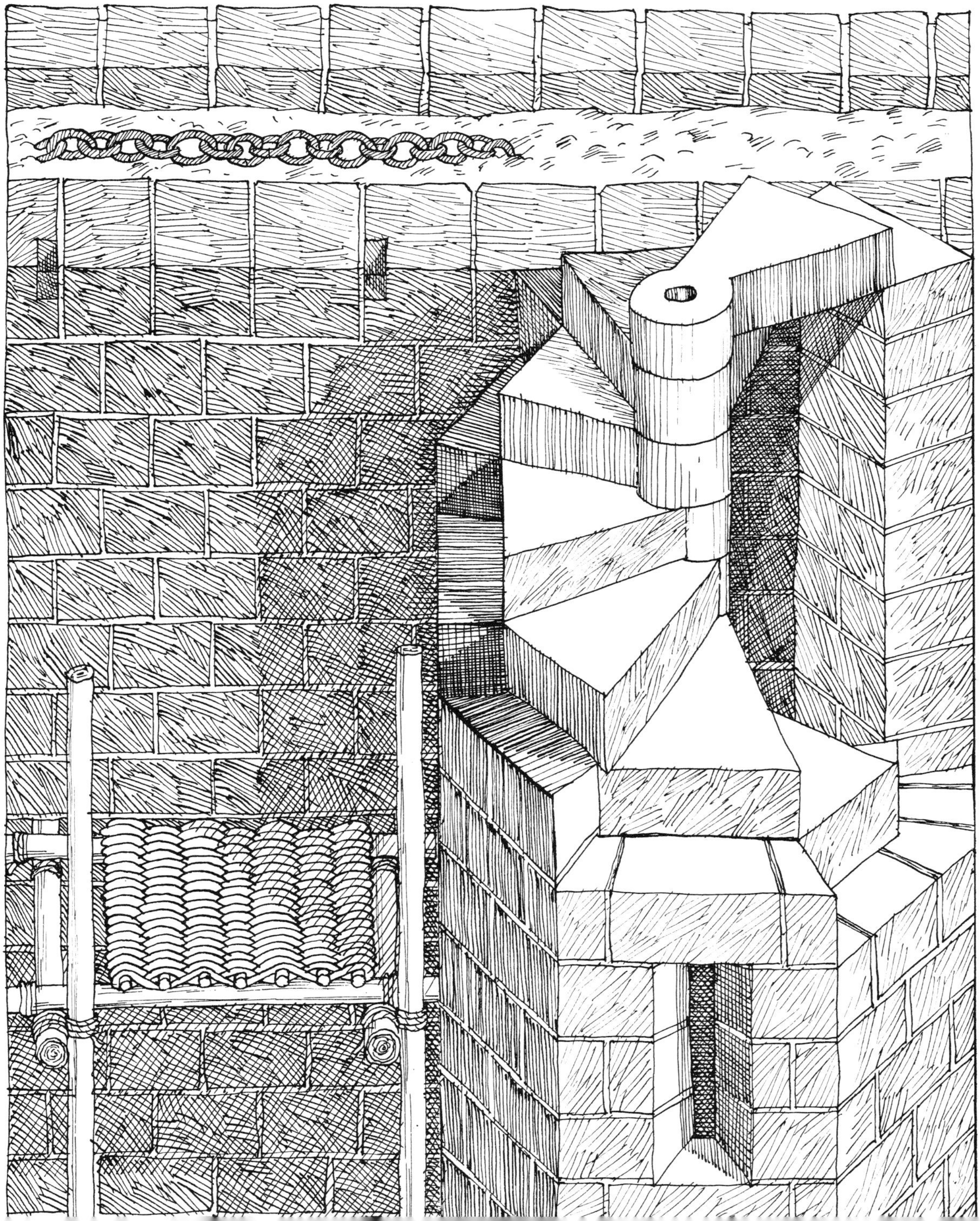

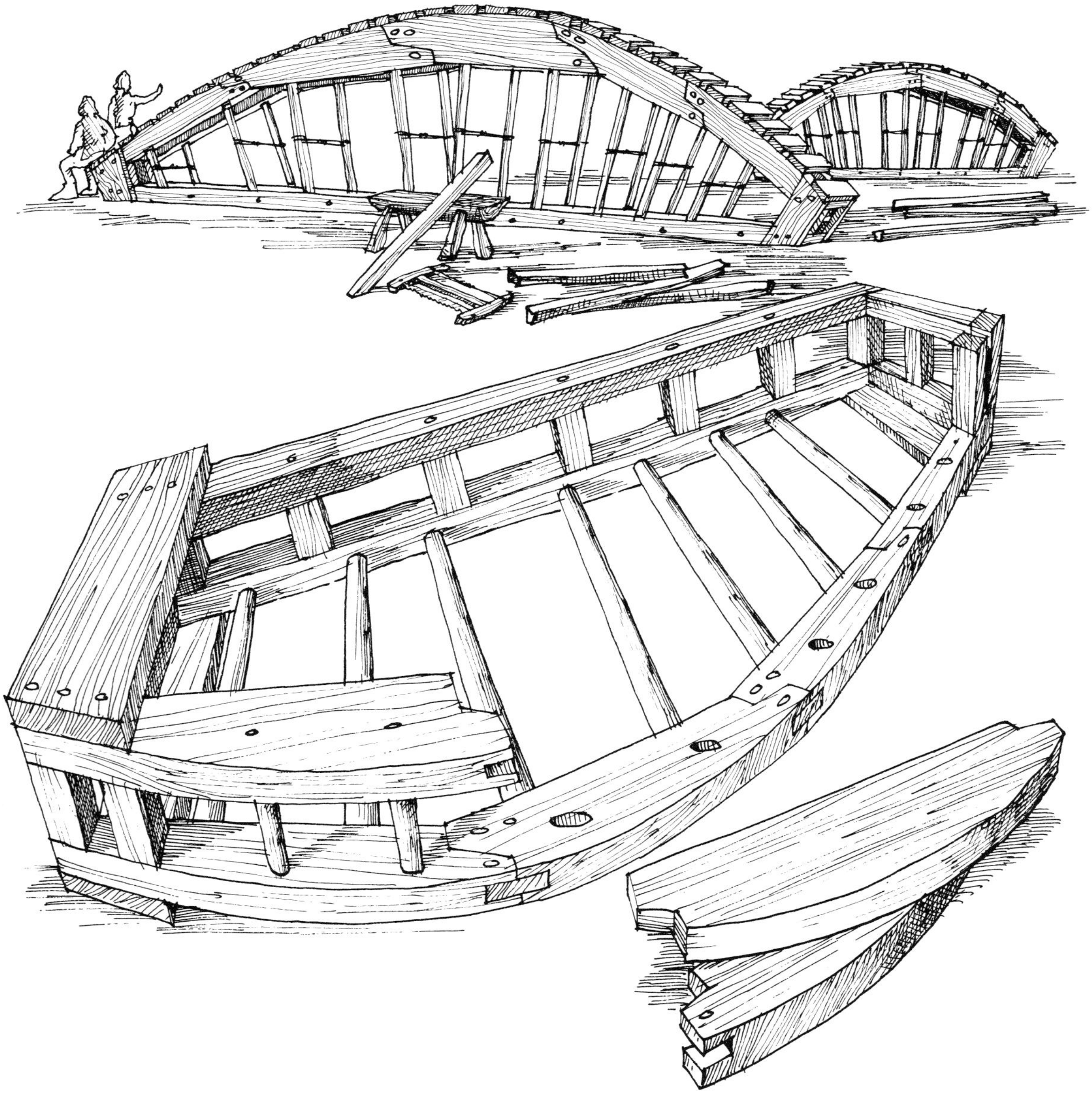

Für den Bau der Strebebogen mußten erst einmal behelfsmäßig Rahmen aus Holz konstruiert werden, sogenannte Lehrgerüste. Diese hielten den Bogen zusammen und trugen das Gewicht der Steine, bis der Mörtel getrocknet war. Zimmerleute fertigten sie am Boden an. Dann wurden sie an ihren Platz hinaufgezogen und auf der einen Seite am Pfeiler, auf der anderen Seite am Strebepfeiler befestigt. Erst wenn der steinerne Strebebogen vollendet und tragfähig war, wurden die Lehrgerüste wieder weggenommen.

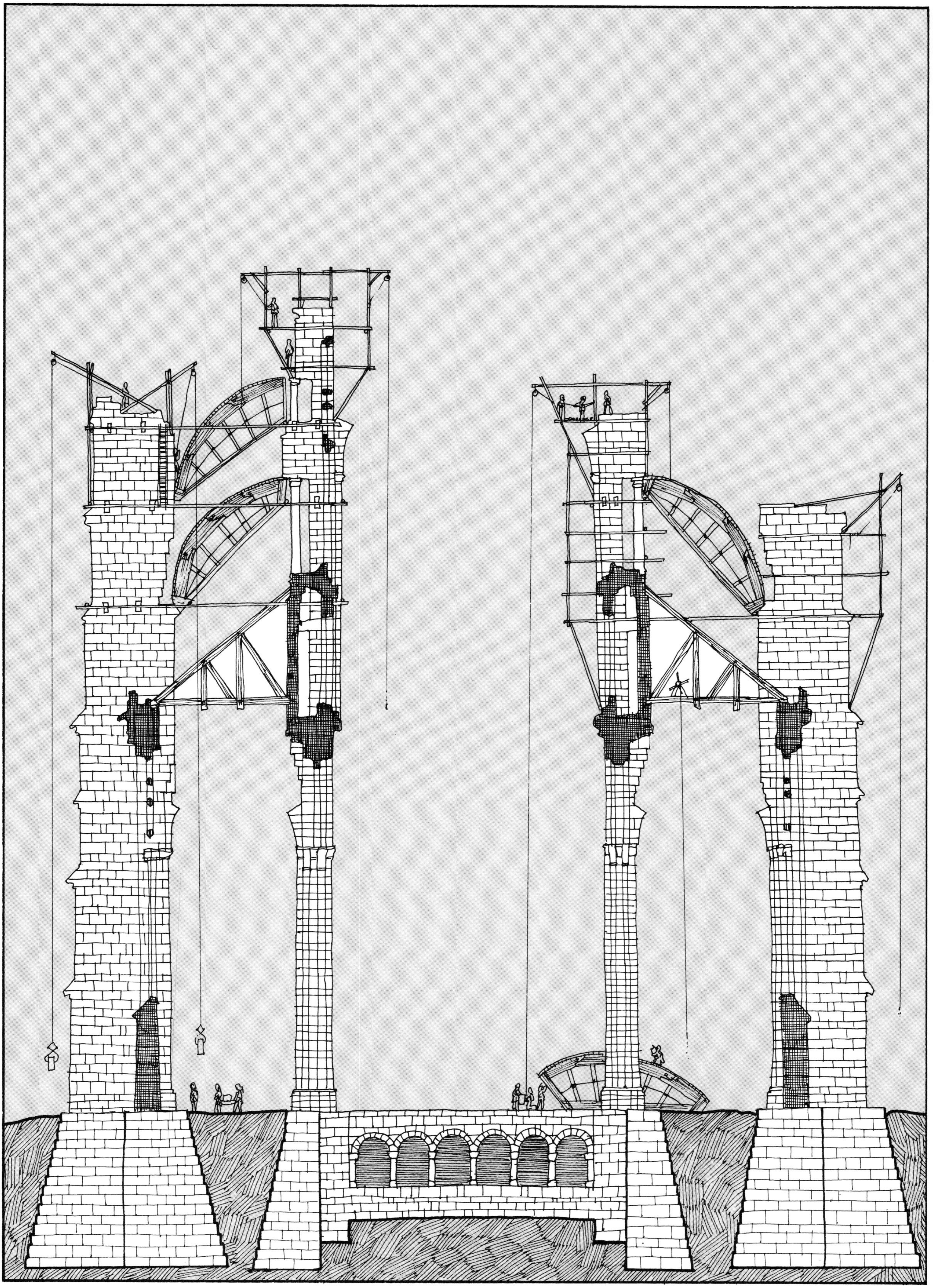

In den Sommermonaten des Jahres 1270 wurden die Kapellen in der Apsis und die meisten Pfeiler und Strebepfeiler im Chor fertiggestellt, und ein großer Teil der Lehrgerüste war bereits angebracht.

Im November wurden dann, wie schon in jedem Winter zuvor, die vom Maurer bereits zusammengefügten Steinmetzarbeiten mit Stroh und Mist zugedeckt, damit der Frost nicht den Mörtel aufsprengen konnte, noch ehe er vollständig getrocknet war. Die meisten Maurer gingen den Winter über nach Hause, da Frost und Kälte ihre Arbeit unmöglich machten. Andere Arbeiten hingegen gingen weiter. Den fertiggestellten Chorwänden entlang wurden provisorische Werkstätten für die Steinmetzen eingerichtet, die nicht länger im Freien arbeiten konnten. In den Werkstätten schnitten sie Maßwerk und behauten Steine, meißelten Kapitelle und Skulpturen und bereiteten so vieles für die im Frühling zurückkehrenden Maurer vor.

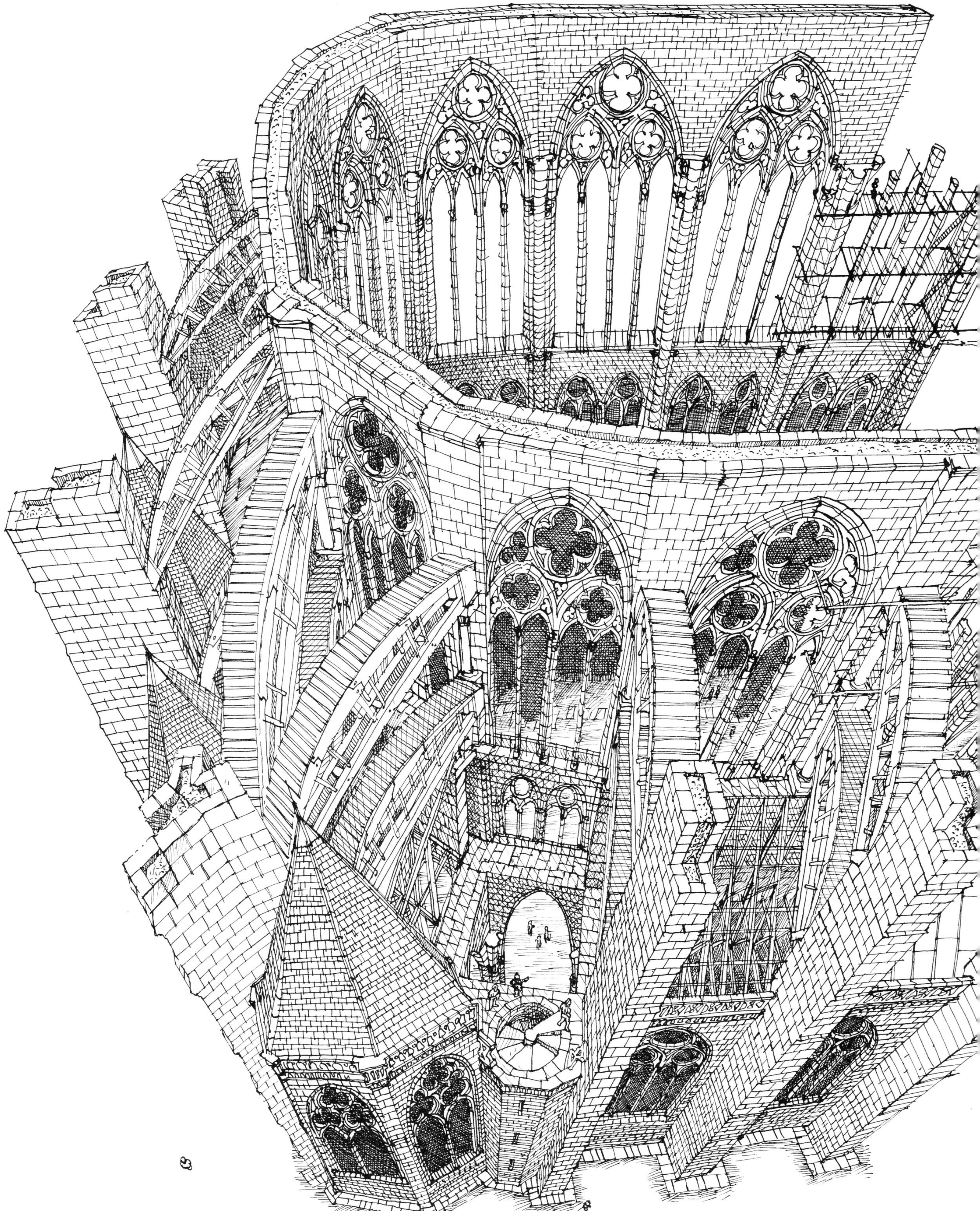

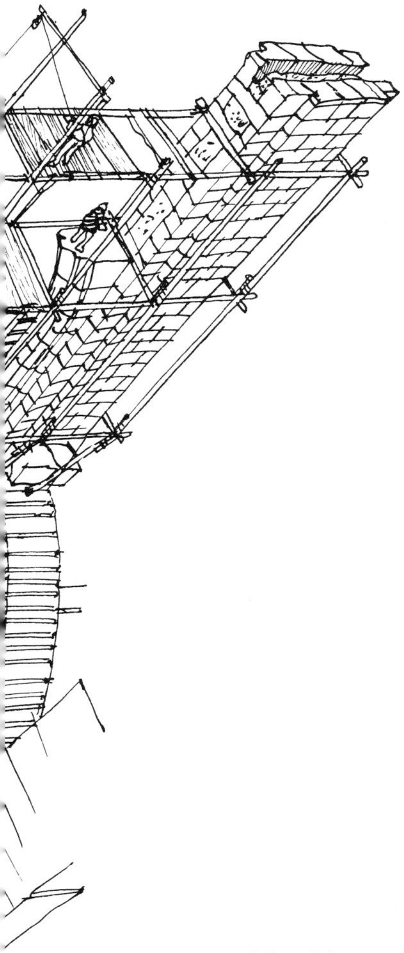

Die Chorwand gliederte sich in drei Geschosse, zuunterst die achtzig Fuß hohe Pfeilerarkade, darüber das zwanzig Fuß hohe Triforium, eine Arkadenreihe mit einem schmalen Laufgang davor, und als oberstes der Lichtgaden, dessen Fenster in einer Höhe von sechzig Fuß bis unter das Dach reichten.

Die Wände in Chor und Umgang waren zwischen 1270 und 1275 vollendet, und die Arbeit am Dach begann.

Das Dach wurde aus einer Reihe dreiseitiger Rahmen oder Träger zusammengefügt. Zuerst setzten die Zimmerleute jeden einzelnen Träger am Boden zusammen. Durch Zapfen wurden die Hölzer miteinander verbunden, das heißt, es wurden Zapflöcher geschnitten, in die hinein die Zungen oder Zapfen anderer Stücke paßten. Nachdem man den Träger probeweise zusammengesetzt hatte, zerlegte man ihn wieder in seine Bestandteile und hievte Stück um Stück zum höchsten Punkt der Wand hinauf. Dort wurde er erneut zusammengefügt und der ganze Rahmen dann mit eichenen Zapfen ineinander verkeilt. Bei der Konstruktion des Daches verwendeten die Zimmerleute keine Nägel.

Die ersten Balken zog man über Flaschenzüge, die am Gerüst festgemacht waren, in die Höhe.

Sobald die Balken oben waren, wurde eine Winde an ihnen befestigt, um das übrige Bauholz hochzuziehen und die Rahmen aufzurichten.

Unten auf der Erde wurden inzwischen von den Dachdeckern Bleiplatten gegossen, die Gebälk und Gewölbe vor schlechtem Wetter schützen sollten. Auch Abflußrohre und Dachrinnen stellte man im Gußverfahren her. Steinmetzen und Bildhauer meißelten steinerne Rinnen und Wasserabläufe für die Strebepfeiler. Die Ausgußsteine waren figürlich als furchterregende Fabelwesen gestaltet. Sie hießen Wasserspeier, da sie das gesammelte Regenwasser aus ihrem Rachen in weitem Strahl zur Erde schickten.

Die Wasserspeier waren über den Strebepfeilern angebracht und bekamen ihren Zufluß durch einen offenen Kanal, der über den Rücken der Strebebogen hinlief und in Verbindung stand mit den Dachrinnen. Das Dachholz wurde zum Schutz gegen Fäulnis mit Pech bestrichen, das man in großen Fässern in die Höhe zog. Erst ganz zuletzt wurden die Bleiplatten an das Rahmenwerk genagelt und ihre Kanten hochgebogen, damit kein Wasser eindringen konnte.

Im Jahr 1280 war der Chor so weit vollendet, daß mit der Einwölbung der Decke und mit dem Aushub für die Fundamente der Vierung begonnen werden konnte. Wilhelm, mittlerweile zu betagt, um noch weiter die Bauaufsicht zu führen, wurde durch den Baumeister Robert von Cormont abgelöst.

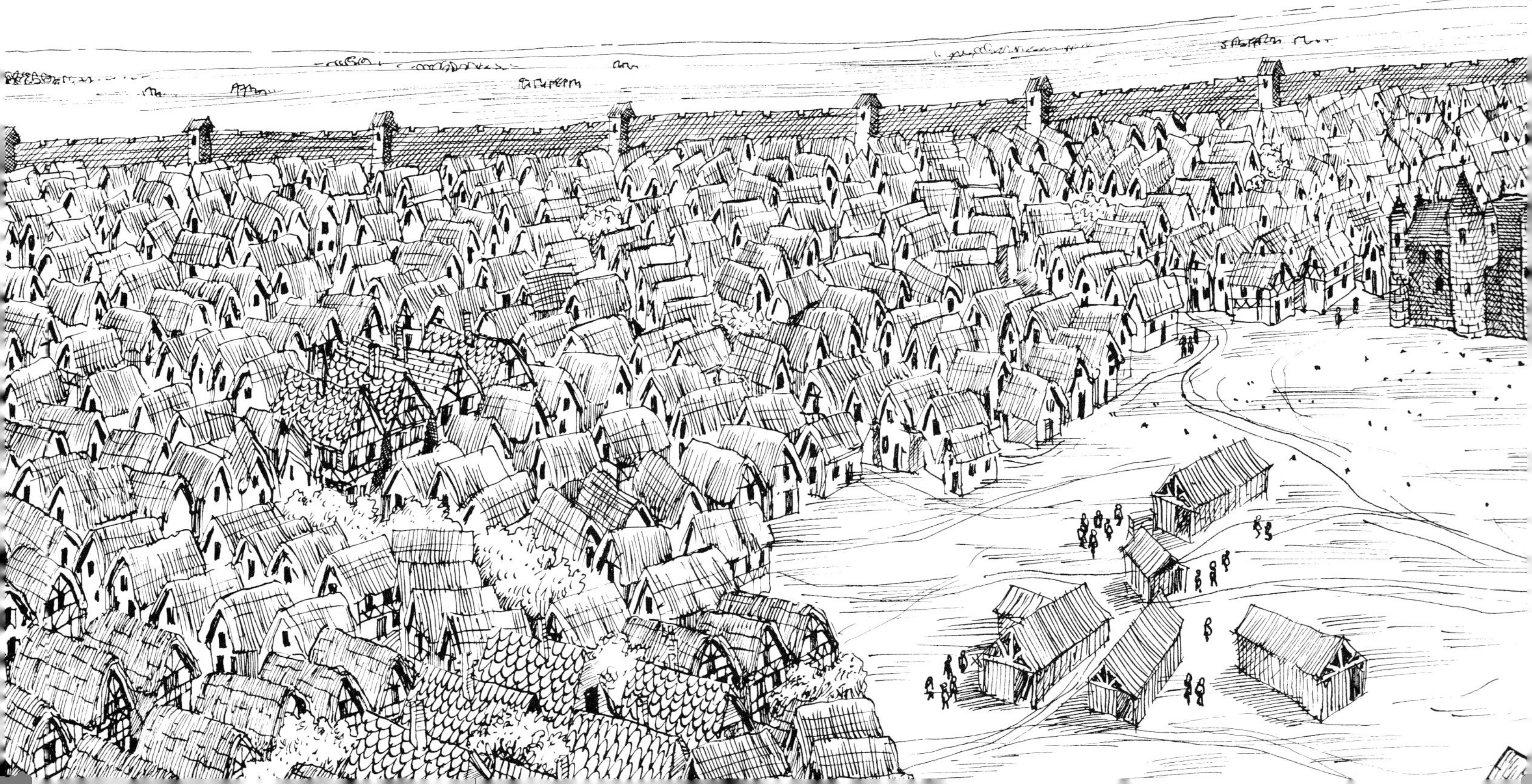

Bei der Konstruktion der Gewölbe wurden zwei Vorrichtungen zum Hinaufziehen der Steine benutzt: die Winde und das große Rad. Die Winde, mit der man bereits alles Holz für das Gebälk hochgezogen hatte, diente jetzt auch als Aufzug, um das große Rad in die Höhe zu holen. Dieses Rad war von solchem Umfang, daß ein oder zwei Männer darin aufrecht stehen und durch stetes Treten das Rad bewegen konnten, wodurch das daran befestigte Seil aufgespult wurde. Dieses Hilfsmittel ermöglichte das Hochziehen schwerster Lasten.

Die Konstruktion des Deckengewölbes erforderte ein Holzgerüst, das, hundertdreißig Fuß über dem Erdboden, die beiden Chorwände verband. Hier oben, auf den Plattformen, wurden nun hölzerne Lehrgerüste konstruiert, ähnlich denen, die man beim Bau der Strebebogen verwendet hatte. Sie stützten von unten die steinernen Rippen, die erst trugen, wenn der Mörtel trocken war. Die lastende Gewölbeschale der Decke ruhte dann auf den Rippen. Die Gewölbe wurden Joch um Joch gebaut, wobei das Gewölbefeld zwischen vier Pfeilern jeweils ein Joch bildete.

Während Lehrgerüste für die Gewölberippen konstruiert wurden, starb der Bischof von Chutreaux. Die Arbeit ruhte sieben Tage. Am vierzehnten September 1281, achtundzwanzig Jahre nach Baubeginn, wurde der Bischof nach einem feierlichen Requiem in der alten Krypta beigesetzt. Am einundzwanzigsten September wurde der neue Bischof von Chutreaux, Roland von Clermont, in sein Amt eingesetzt.

Bald nach Wiederaufnahme der Arbeit wurden die Strebebogen im Chor fertiggestellt, und die Lehrgerüste wurden aufgerichtet, um die ersten Steine für die Einwölbung aufzunehmen.

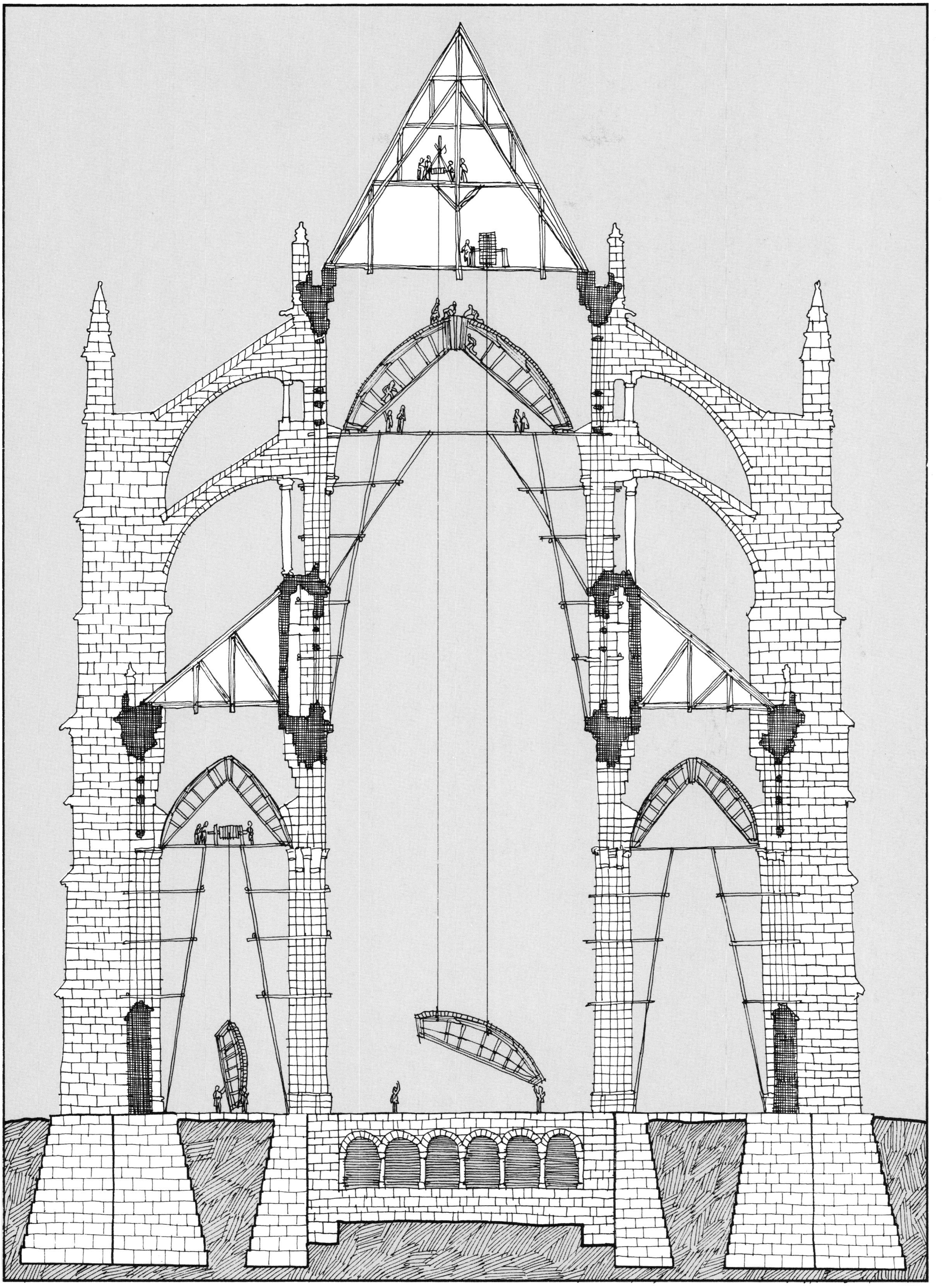

Die für die Rippen bestimmten Steine, Wölbsteine genannt, wurden nun, einer nach dem anderen, auf die Lehrgerüste gelegt und jeder an seinem richtigen Platz von den Maurern eingefügt. Als letzter wurde der Schlußstein, ein mächtiger kreuzförmiger Stein, eingesetzt, der die Rippen im Scheitel, dem höchsten Punkt des Gewölbes, zusammenhält.

Als nächstes verkleideten die Zimmerleute den Raum zwischen zwei Lehrgerüsten mit Brettern. Auf die Verschalung legten sie eine Steinschicht, die bis zur Härtung des Mörtels von ihr getragen wurde. Man formte die Gewölbeschale aus leichtem Stein, um die Rippen möglichst wenig zu belasten. Zwei Handwerkergruppen – zu jeder gehörte ein Maurer und ein Zimmermann – arbeiteten gleichzeitig von beiden Seiten eines Gewölbes aufeinander zu. Sie brachten zuerst die Verschalung an und versahen sie dann mit dem Steinbelag. Das Gewölbe war fertig, wenn sie sich in der Mitte getroffen hatten. Auf die gleiche Weise und zur gleichen Zeit wurde über den Seitenschiffen die Einwölbung vorgenommen.

Um Risse zu verhüten, strich man zuletzt noch eine vier Zoll dicke Gußmörtelschicht über die Steine und den getrockneten Mörtel. Erst jetzt, nachdem auch das Gußmaterial hart geworden war, entfernte man die Verschalung und zog die Lehrgerüste zum nächsten Joch hinüber. Dieses Verfahren setzte man so lange fort, bis schließlich der ganze Chor eingewölbt war.

Am Feiertag des ersten Mai 1302, als das Querschiff mitsamt seinem Gewölbe schon zum größten Teil fertiggestellt war, ruhte die Arbeit wie eh und je an diesem Tag. Die Bevölkerung nahm am Maigottesdienst teil und erfreute sich am Jahrmarkt auf dem Kirchplatz.

Die Glasbläser hatten inzwischen mit der Herstellung der farbenprächtigen Scheiben für die großen Fenster begonnen. Holzasche wurde mit gewaschenem Sand bei hoher Temperatur zu Glasfluß geschmolzen, bevor man verschiedene Metalle für die Farbgebung zusetzte. Dann nahm der Glasbläser einen Klumpen der dickflüssigen Masse auf den Kopf seiner Hohlpfeife und blies ihn zu einem Hohlkörper auf. Durch rasches Hin- und Herdrehen der Pfeife nahm dieser walzenförmige Gestalt an. Diese Form wurde nun abgeschlagen, an ihren Enden begradigt und der Länge nach aufgeschnitten. Nach abermaliger Erhitzung wurde das Glas zu Platten ausgewalzt.

Mit einem scharfkantigen Metallstab schnitt man die Glastafeln auf die richtige Fenstergröße zu. Die Fensterform wurde mit Kreide auf einer Werkbank vorgezeichnet und das Glas einfach daraufgelegt.

Wenn genügend Glasstücke zugeschnitten waren, wurden sie durch Bleistege miteinander verbunden. Die einzelnen Stücke waren selten größer als acht Zoll im Quadrat, aber mit Hilfe der Bleistege ließen sich Quadrate bis zu dreißig Zoll zusammensetzen. Eiserne Verstrebungen und steinerne Pfosten hielten diese großen Stücke so zusammen, daß die Fenster eine Höhe von sechzig Fuß erreichten.

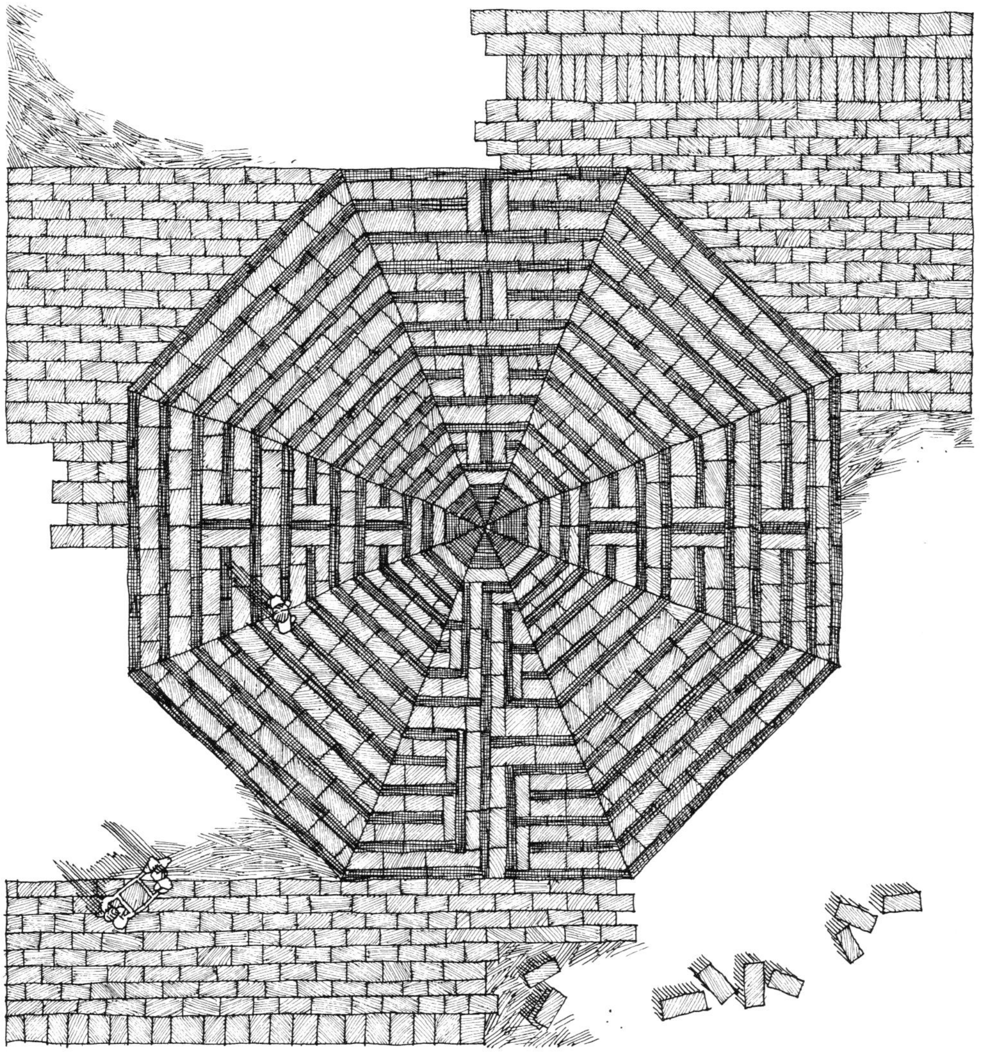

Während die Fenster eingesetzt wurden, bestrichen die Gipser das Gewölbe mit Gips und zeichneten rote Linien darauf, die den Eindruck von der einheitlichen Größe aller Steine erwecken sollten.

Die Arbeit der Steinmetzen und Bildhauer an Profilen und Kapitellen ging nun ihrem Ende entgegen. Der Fußboden wurde mit verschiedenfarbigen Platten belegt, die ein kunstvoll verschlungenes Labyrinth bildeten. Der Gläubige, der den Weg zum Mittelpunkt des Labyrinths fand, fühlte sich der Gnade Gottes teilhaftig wie ein Pilger, der sich von weither anschickte, die große Wallfahrt zu einer Kathedrale wie Chutreaux zu unternehmen.

Im Jahr 1306 mußten die Arbeiten erneut unterbrochen werden, weil dem Domkapitel das Geld ausgegangen war. Um die weitere Finanzierung zu sichern, hielt man es für das beste, die Reliquien des heiligen Germain auszustellen. Aus Nordfrankreich und Südengland durfte man genügend neugierige und spendenbereite Besucher erwarten. Fünf Jahre lang wurden die Reliquien gezeigt, bis das erforderliche Geld beisammen war, und im Jahr 1330 konnte schließlich das Hauptschiff vollendet werden.

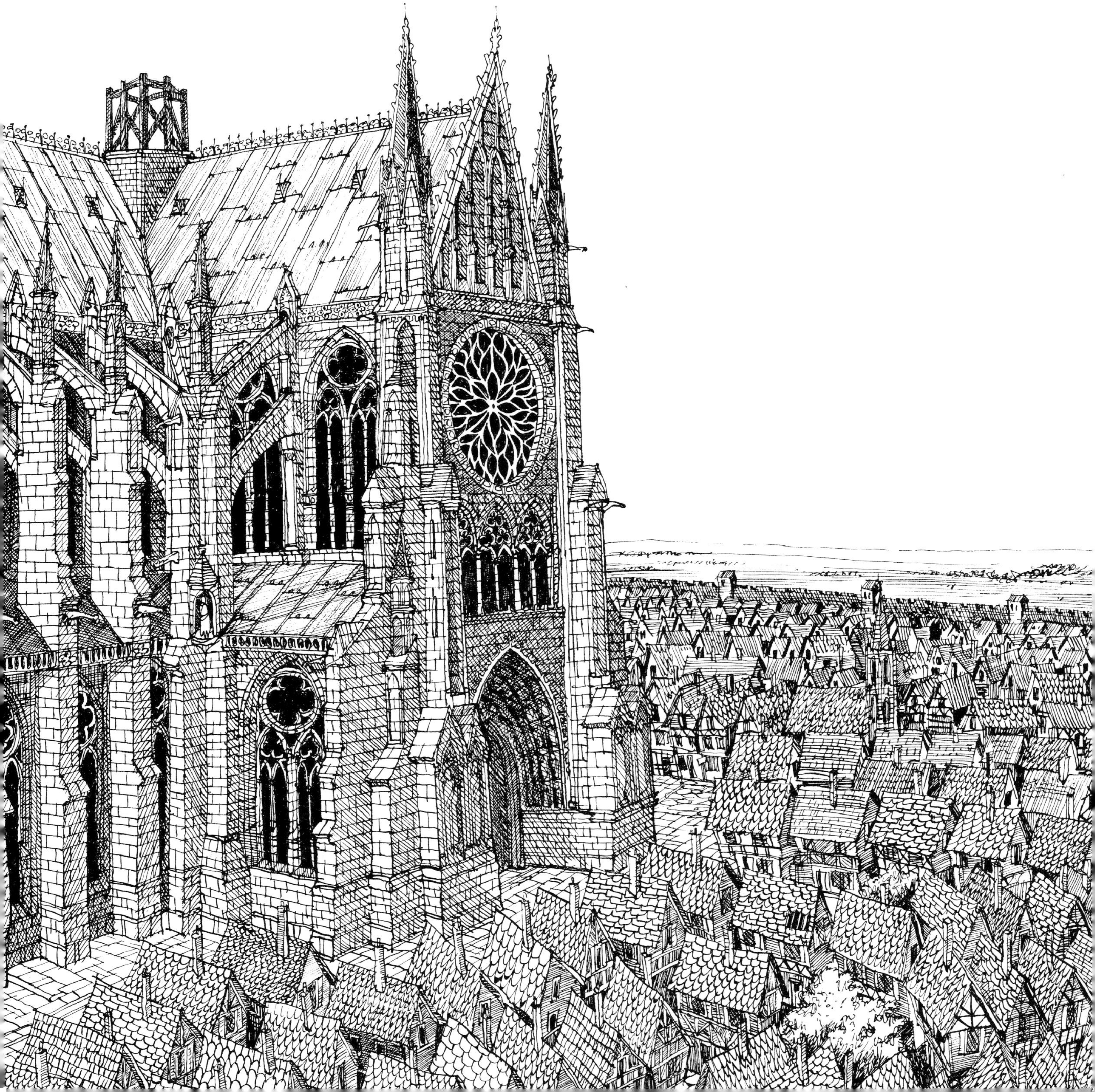

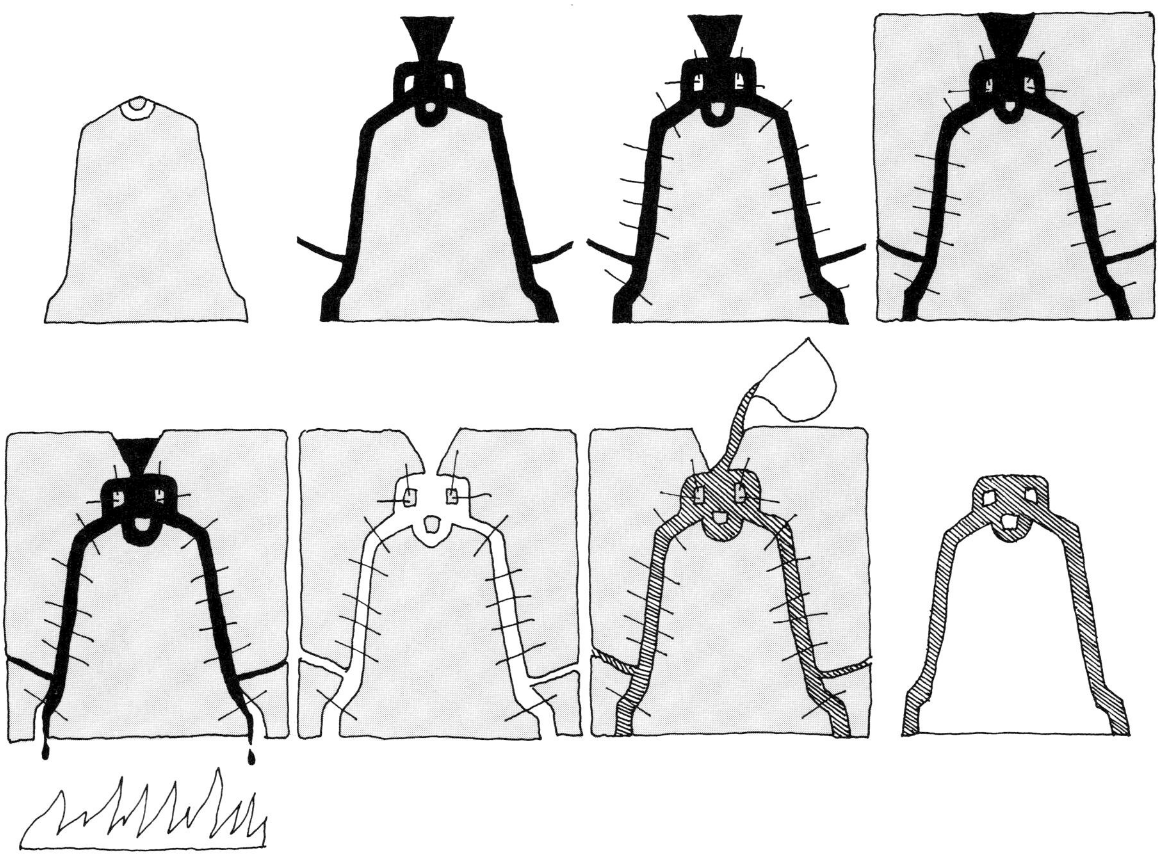

In der Gießerei von Chutreaux wurden vier große Glocken gegossen. Zunächst stellte man ein Modell aus Ton und Gips her, das mit einem Wachsmantel von der Stärke der zukünftigen Glocke umgeben wurde. In das Wachs hinein schnitt man Verzierungen, wie sie das Äußere der Glocke schmücken sollten. Bevor das Modell einen Überzug aus Ton und Gips erhielt, wurden Bronzezapfen durch das Wachs hindurch in den Kern gesteckt.

Beim Erhitzen des Gebildes lief das schmelzende Wachs aus, und ein Hohlraum blieb zurück zwischen der äußeren Schale und dem Kern. Die Form, durch die Bronzezapfen zusammengehalten, wurde nun in Sand gebettet und der Hohlraum mit flüssiger Bronze ausgegossen. Nach dem Abkühlen zerstörte man die Gipsform und schlug die kleinen Metallreste weg. Jetzt konnte die fertige Glocke in den Glockenturm hinaufgebracht werden.

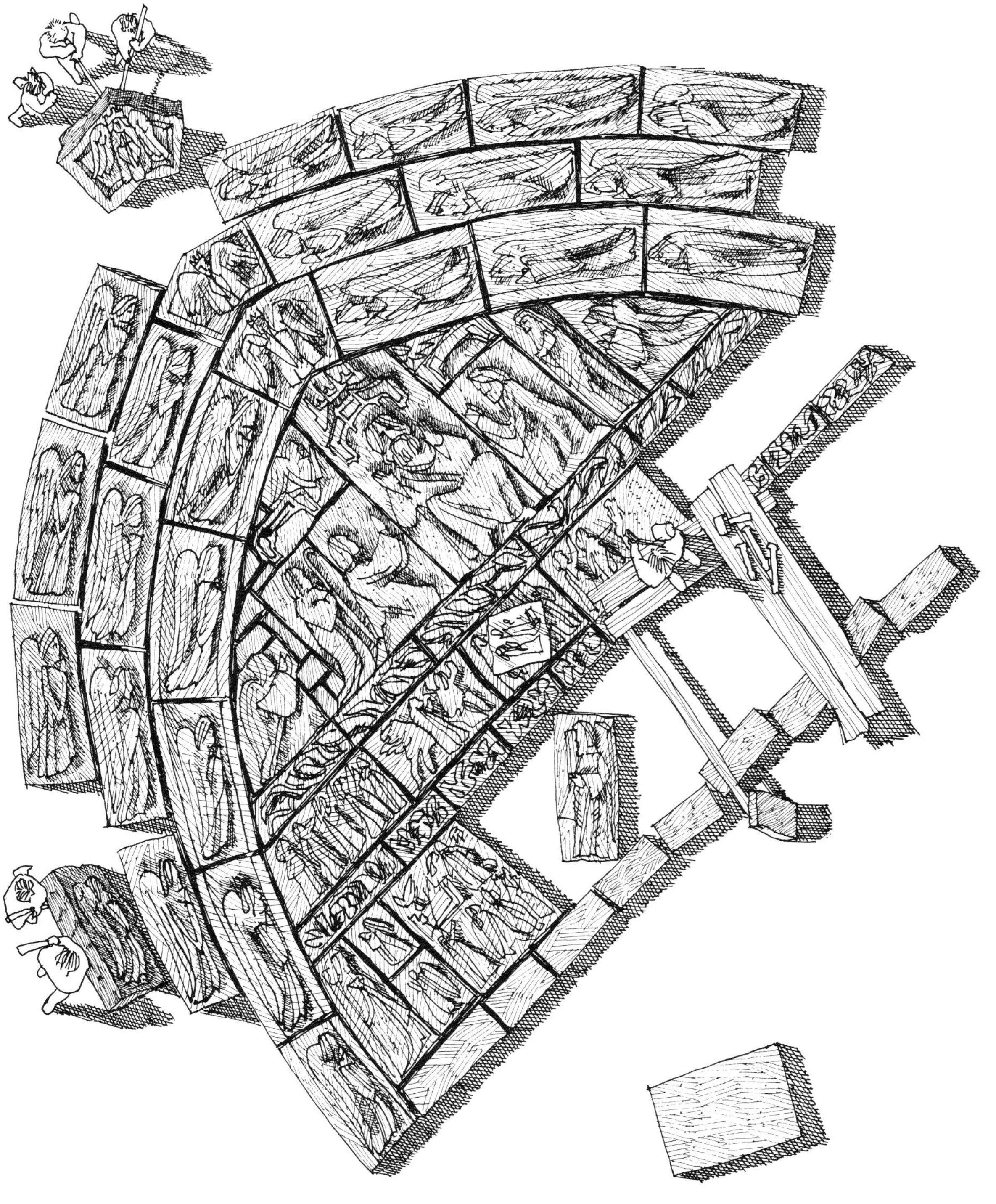

Für die Fensterrose an der Fassade der Kathedrale wurden die steinernen Mittelpfosten den Plänen entsprechend gemeißelt. Gewölbesteine für die Giebelbogen der drei Eingangsportale waren in Arbeit, und für jedes Portal entstand ein halbkreisförmiges Skulpturenfeld, das Tympanon.

Im Jahr 1331 hatten Zimmerleute und Dachdecker ihre Arbeit am Vierungsturm beendet. Er erhob sich über dem Schnittpunkt von Hauptschiff und Querschiff und bestand aus einem Holzrahmenunterbau, der mit Bleiplatten gedeckt war. Skulpturen und reiches ornamentales Schmuckwerk verzierten ihn.

In der Zimmermannswerkstatt wurden jetzt die Türen gezimmert. Allein die Mitteltür hatte eine Höhe von beinahe fünfundzwanzig Fuß. Sie war aus mächtigen, durch Querrippen miteinander verbundenen Holzplanken gemacht. Ein Schmied stellte den Nagelbeschlag für die Türen her, und ein Kunstschlosser fertigte Riegel, Schlösser und Scharniere an.

Im Jahr 1332 wurden die Arbeiten an der Westfassade, der Eingangsseite der Kathedrale, vorangetrieben. Den Bau der Türme beaufsichtigte Meister Etienne von Gaston. Er hatte die Nachfolge von Robert von Cormont angetreten, der 1329 beim Sturz von einem Gewölbegerüst ums Leben gekommen war.

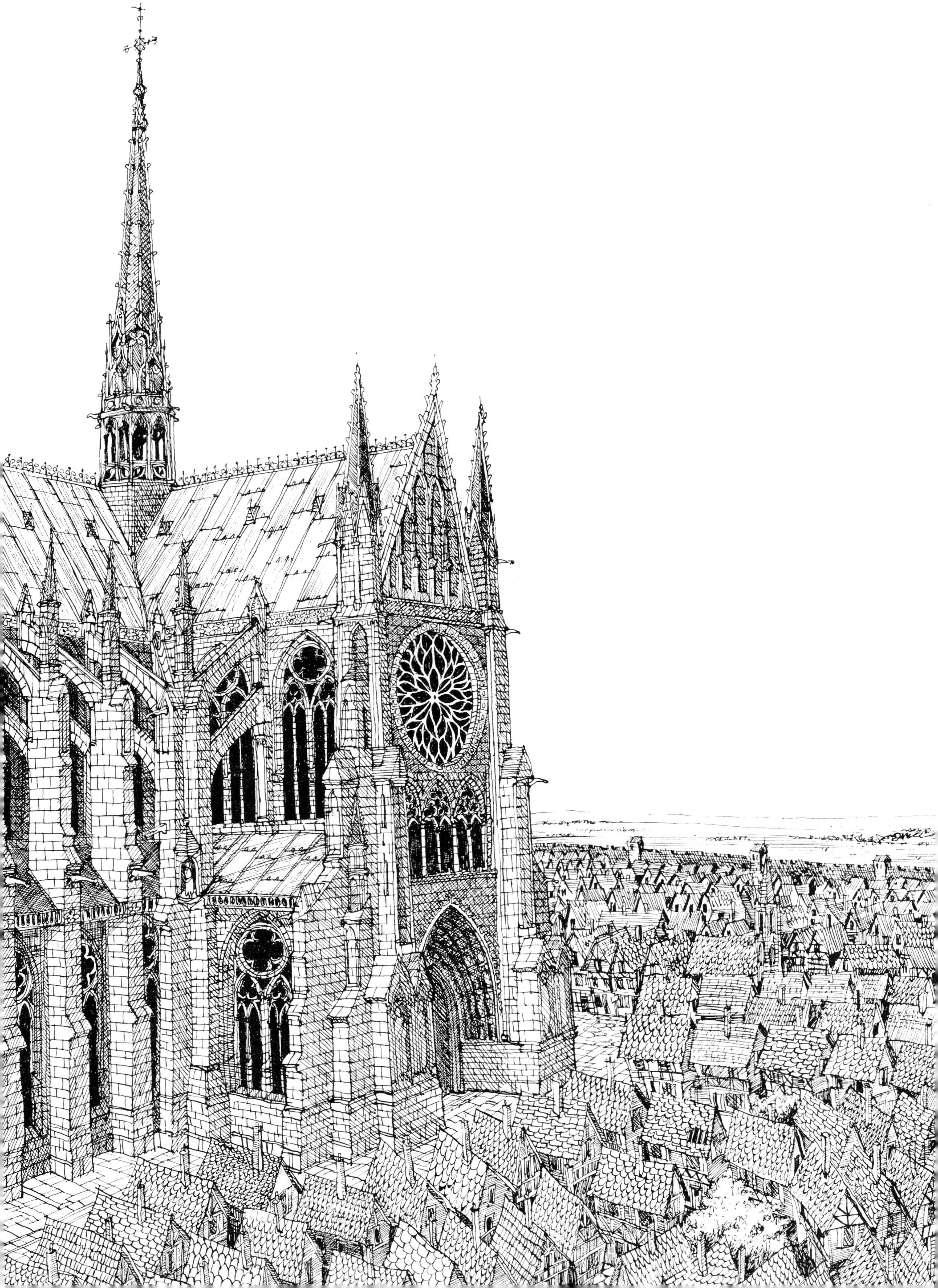

Im Nordturm baute man ein stabiles Holzgerüst auf, wodurch die Glocken vorsichtig hochgezogen und dann im Glockenstuhl aufgehängt werden konnten. Vier Seile hingen von den Glocken herab. Wenn man an ihnen zog, schwangen die Glocken hin und her, und die Klöppel schlugen an. Das Geläut war meilenweit zu hören.

Die Maurer setzten die einzelnen Teile der Fensterrose zusammen und befestigten die Tympana und Gewölbesteine über den Portalen. Dann kamen die Glaser und füllten das Innere der Fensterrose, deren Durchmesser zweiunddreißig Fuß betrug, mit hunderten von farbigen Glastafeln.

Im Hochsommer des Jahres 1338 wurden die letzten Skulpturen in ihre Nischen gestellt. Die Kathedrale war vollendet. Am neunzehnten August führten der Bischof Roland und das Domkapitel eine große Prozession an, die sich durch die engen Straßen von Chutreaux bewegte. Die gesamte Bevölkerung der Stadt schloß sich an. Mit Gebet und Gesang zogen sie zum Dankgottesdienst in die neue Kathedrale ein.

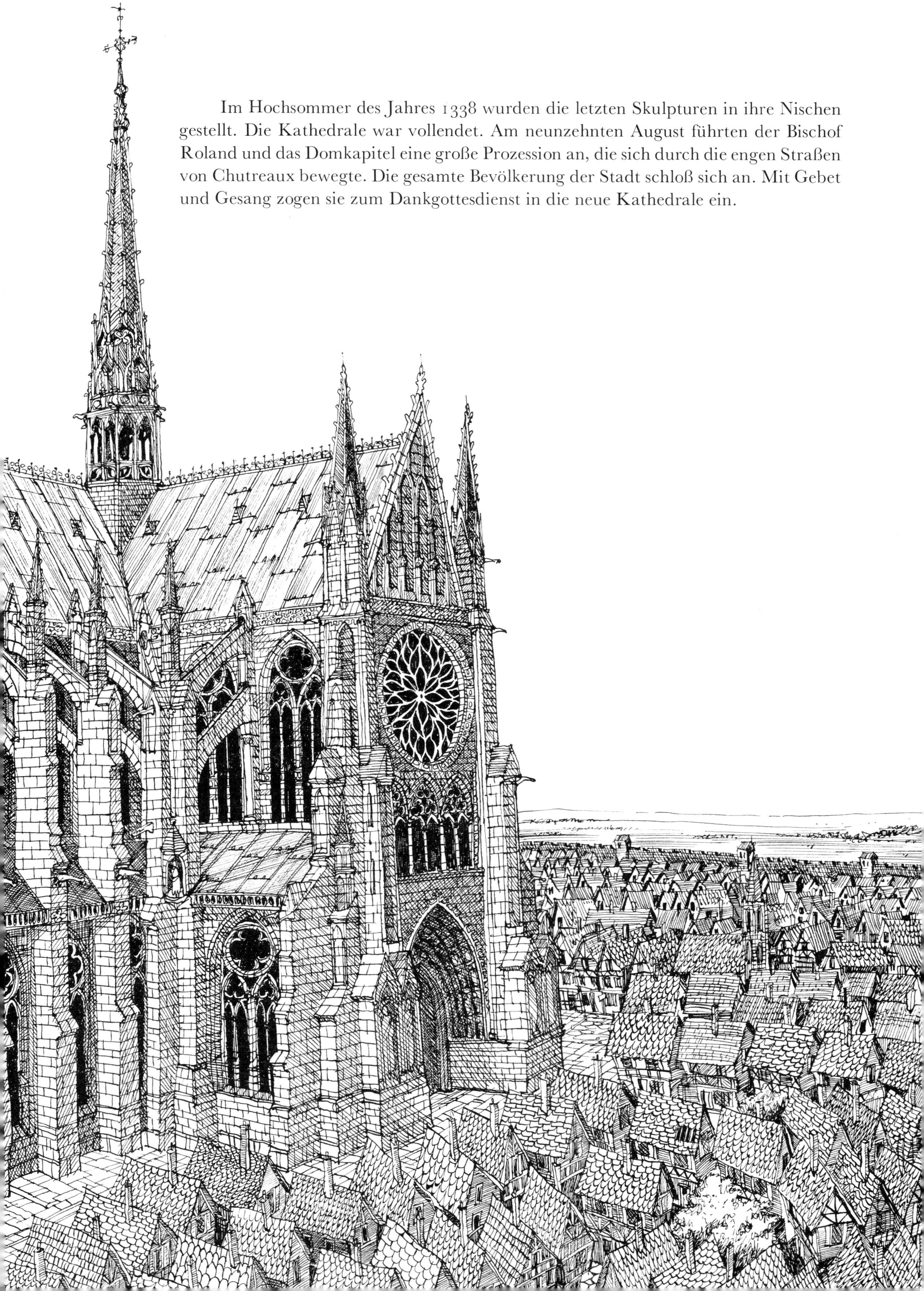

Riesige farbige Banner hingen vom Triforium herab, und an allen Pfeilern brannten die Kerzen. Als der Chor zu singen begann, füllte sich der Raum mit wundervollen Klängen, und Ehrfurcht und große Freude ergriff die Menschen. Die meisten waren Enkel der Männer, die den Grundstein gelegt hatten.

Sechsundachtzig Jahre lang hatten die Stadtbewohner dieses gemeinsame Ziel vor Augen gehabt, und nun war es erreicht.

Die Menschen von Chutreaux hatten die höchste und die schönste, die längste und die breiteste Kathedrale in ganz Frankreich erbaut.

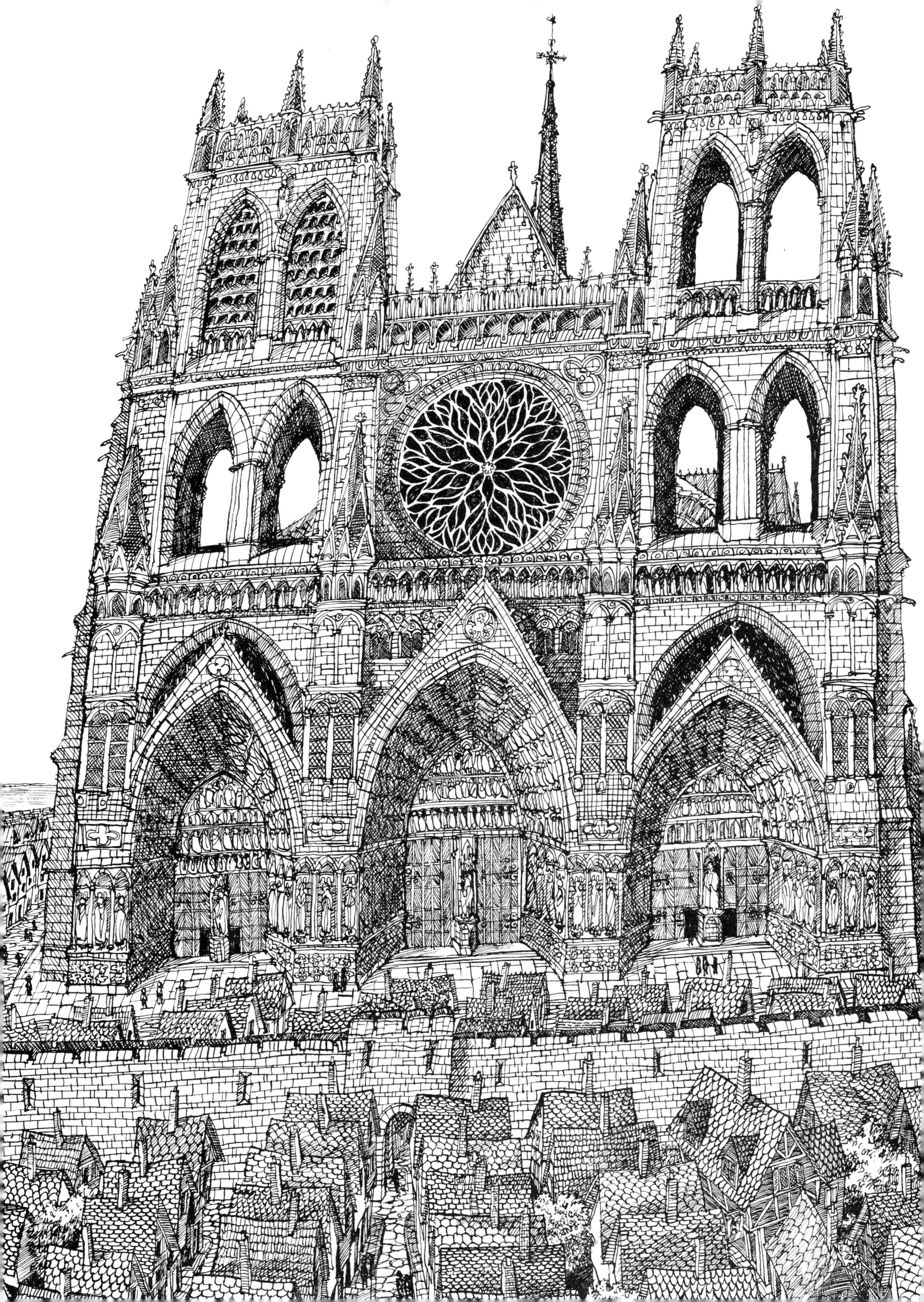

GLOSSAR

APSIS
Halbrunder oder polygonaler Raumabschluß, meist an der Ostseite der Kirche gelegen und Teil des Chores.

CHOR
Raum, in dem der Hochaltar steht und der sich meist östlich an das Querschiff anschließt. Er war der Geistlichkeit vorbehalten. Manchmal liegt er mehrere Stufen über dem Niveau der übrigen Kirche.

GEWÖLBE
Bogenförmig gekrümmte Konstruktion der Raumdecke, aus Natur- oder Backsteinen gemauert.

GOTISCHE ARCHITEKTUR
Baustil, der um 1150 in Nordfrankreich entsteht und sich bis zum 15. Jahrhundert über ganz Europa verbreitet. Das feste Mauerwerk wird durch Spitzbogenarkaden, Emporen, Triforien und durch große, mit farbigem Glas gefüllte Maßwerkfenster aufgelöst. Am Außenbau übernehmen Strebebogen und Strebepfeiler den Schub der Gewölbe. Typisch für die Gotik sind Spitzbogen, Rippengewölbe, die reichen Schmuckformen des Maßwerks, die Bedeutung der Bauplastik auch am Außenbau und vor allem die Höhensteigerung des Innenraums und der Türme.

JOCH
Säulenabstand von Pfeiler zu Pfeiler in der Längsachse und das dazwischen liegende Gewölbefeld.

KAPITELL
Steinernes Kopfstück einer Säule oder eines Pfeilers mit geometrischem oder figürlichem Schmuck.

KATHEDRALE
Bezeichnung einer großen Kirche, in der die Kathedra, der Bischofsstuhl, steht.

KRYPTA
Unter dem Chor und dem Altar gelegener, unterirdischer Kultraum mit Grab- und Reliquienkapellen.

LICHTGADEN
Fensterzone über der Bogenstellung des Mittelschiffs, durch die der Innenraum Licht erhält.

MASSWERK
Geometrisch und dekorativ geschnittenes steinernes Bauornament zur Gliederung der großen gotischen Fenster.

PFEILER
Mauerstütze mit rundem, quadratischem, rechteckigem oder polygonalem Grundriß, die den Bogen trägt.

RIPPE
Die Rippen bilden den tragenden Teil der Gewölbedecke.

ROMANISCHE ARCHITEKTUR
Baustil des frühen Mittelalters, der sich der spätrömischen Architektur anschließt und der Gotik vorausgeht. Schwere kubische und zylindrische Formen herrschen vor. Typisch sind Rundbogenarkade, Rundbogenfries und Rundbogenfenster, Tonnen- und Kuppelgewölbe, die die flachen, sehr feuergefährdeten Holzdecken der frühen Kirchen ablösen, große Krypta, mächtige Türme und strenge, weitgehend schmucklose Gliederung der Wandflächen.

SCHIFF
Das Kirchenschiff ist bei einem einschiffigen Bau das Langhaus der Kirche, der Versammlungsort der Gemeinde. Ist der Raum jedoch unterteilt, so sind Mittel- oder Hauptschiff, Seitenschiffe und Querschiff zu unterscheiden. Die verschiedenen Schiffe sind durch Säulen oder Pfeiler voneinander getrennt.

SCHLUSSSTEIN
Der oberste, zuletzt eingesetzte Stein im Scheitelpunkt eines Bogens oder eines Gewölbes.

STREBEBOGEN
Der Strebebogen, der schräg ansteigt, überträgt den Gewölbeschub von der Wand des Schiffs auf die Strebepfeiler.

STREBEPFEILER
An den Außenmauern des Baus errichtete Streben, die den Schub des Gewölbes, der von den Strebebogen übertragen wird, auf die Fundamente ableiten.

TRIFORIUM
Dreibogiger Laufgang zwischen Arkadengeschoß des Mittelschiffs und Lichtgaden.

TYMPANON
Bogenfeld mit plastischem Schmuck über dem Portal.

VIERUNG
Raumteil einer Kirche, in dem Langhaus und Querhaus einander durchdringen, ein Joch mit häufig quadratischem Grundriß.